Ruth Heil

Gott war immer dabei

Aus meinem Tagebuch

mediaKern

Bibliografische Information der Deutschen Nationalbibliothek
Die Deutsche Nationalbibliothek verzeichnet diese Publikation in der Deutschen
Nationalbibliografie; detaillierte bibliografische Daten sind im Internet über
http://www.dnb.de abrufbar.

ISBN 978-3-8429-2315-7

Bestell-Nr. 5.122.315
© 2020 mediaKern GmbH, 46485 Wesel
Bibelzitate (wo nicht anders vermerkt): Die Bibel nach Martin Luthers Übersetzung, revidiert 2017, © 2016 Deutsche Bibelgesellschaft, Stuttgart.
Umschlagbild: Getty Images / Massonstock
Umschlaggestaltung, Layout, Satz: Ch. Karádi
Lektorat: Ruth Huber
Gesamtherstellung: Drukarnia Dimograf, Bielsko-Biała, Polen
Printed in the EU 2020

www.media-kern.de

Danke

Ein besonderer Dank geht an meinen Mann. Er hat mir auf vielfache Weise den Rücken freigehalten, damit ich Vorträge halten, reisen, Bücher und Artikel schreiben konnte. Er ermutigt und segnet mich zu meinen Diensten für Gott. Treu betet er für mich. Er ist ein echtes Geschenk für mich.

Und was wäre ich ohne meine treue Mitarbeiterin Elisabeth? Oftmals übernimmt sie meine Arbeit, damit ich am Schreibtisch sitzen kann. Sie reist mit mir und sitzt meistens am Steuer unseres Autos, wenn wir zu Vorträgen unterwegs sind. Mit Freude verkauft sie meine Bücher und organisiert viele Dinge, zu denen ich weder Zeit noch Kraft habe. Danke, Elli!

Mein innigster Dank geht an meinen Gott. Er hat mir mehr gegeben, als ich mir je vorstellen konnte. Und in Freude und Leid, in Gelingen und Versagen, in Gesundheit und Krankheit hat ER mir die Treue gehalten.

Inhalt

Sei gesegnet	7
Vorwort	8
Alltag Familie	
Lang ist's her	9
Kinder, Kinder	10
Wollen Sie die Welt allein bevölkern?	11
Schuhe zum halben Preis	12
Aber warum haben sie es nicht probiert?	13
Du bist die Allerschönste	14
Bis zum hohen A	16
Wenn Menschen es besser wissen als Gott	17
Die fehlende Stimme	18
Rezept zum Durchhalten	22
Das rote T-Shirt	23
Du bist die Frau	25
Der Weihnachtsgestank	28
Ein Esel zum neuen Jahr	31
Das Baby im Seniorenheim	32
Woher kommt ein Baum?	34
Immer an der Wand entlang	36
Weißt du nicht, dass du mich bitten darfst?	37
Du, Herr, blickst weiter	39
Begegnungen	
Der verlorene Sohn	40
Nur eine Zugfahrt lang	41
Wussten Sie das? Engel können rennen!	43
Haben Sie heute schon die Zähne geputzt?	44
Lang ersehnt, nun bist du geboren	47
Diese Frau ist schuld!	51

Wenn der Teufel gewusst hätte …	52
Jesus, mein bester Freund	53
Wie gut	56
Unterwegs für Gott	
Thailand statt den Philippinen	57
Eine E-Mail aus Paraguay	60
Hiermit verleihe ich dir Königswürde	64
Willkommen in Slowenien	68
Unterwegs in die Ukraine	71
Du bist etwas Besonderes	74
Israel Shalom	74
Auf nach Rumänien	79
Kamerun, meine Liebe	85
Kreuzfahrten	
Westeuropa	90
Mittelmeer	94
Unterwegs zu Talkshows	97
Ich sage Ja zu dir!	106
Vorträge, Gespräche, Gedanken	
Vortrag	107
Gespräche	109
Gedanken	114
Seminare	129
Mein Herz für Ungeborene	132
Herr, gib mir Kraft	139
Mit schwangeren Frauen im Gespräch	140
Bewahrungen	145
Gott liebt den Hund mit Flöhen!	155

Sei gesegnet

Sei gesegnet von dem,
der unsere Dunkelheit mit Licht füllen kann

unsere Traurigkeit
mit dem Taschentuch seines Trostes behandelt
unsere Einsamkeit
mit seiner Gegenwart füllt
unserer Krankheit mit der Zusage begegnet,
dass seine heilende Hand uns berührt
unsere Verzweiflung
mit Impulsen der Hoffnung zerstreut
unsere Schuld
mit der festen Zusage seiner Vergebung besiegelt
unsere Ausweglosigkeit
mit dem Trotzdem-Wissen bekräftigt, dass er der Weg ist
unsere Leere
mit seiner unbändigen, nie endenden Liebe zu uns füllt

mit seiner Liebe zu Dir und zu mir!

Ruth Heil

Vorwort

Manchmal sind es nur kleine Dinge, die sich schließlich irgendwie von allein regeln. Manchmal vergessen wir sie deshalb zu schnell. Manchmal geht uns verloren, dass wir zuvor gebetet hatten. Manchmal war die Erhörung so schnell, dass wir nicht merkten, dass es eine Antwort von IHM war. Manchmal vergessen wir, Danke zu sagen …

Deshalb: Legen Sie sich ein Büchlein auf Ihren Nachttisch. Schreiben Sie auf, wenn Gott geholfen hat. In Zeiten der Not schlagen Sie es auf. Lesen Sie nach, um ermutigt zu werden, dass Gott auch dieses Mal eine Lösung für Sie haben wird. Erinnern Sie sich daran: **Der dir damals half, wird auch morgen bei dir sein.**

Den Rat des Aufschreibens gab mir vor vielen Jahren mein Vater. Und das ist der Grund, warum Sie jetzt lesen können, was in meinen Tagebüchern aufgezeichnet ist.

Alltag Familie

Lang ist's her
Mein 16. Geburtstag. »Was ist dein größter Wunsch?«, fragte mich meine Tante. »Weißt du, ich würde gerne einmal heiraten. Aber mein Mann müsste zwei Dinge erfüllen: Sein Herz müsste für die Mission schlagen, und er sollte auch zwölf Kinder wollen wie ich!« – »Ganz schön starke Wünsche«, meinte sie. »Und wenn du keinen finden wirst, der das auch will?« – »Dann möchte ich lieber gar nicht heiraten!« – »Aber es kann ja auch sein, dass du gar keine Kinder bekommst«, gab sie zu bedenken. »Dann müssen wir eben welche adoptieren!« – »Mhmm«, sagte sie nur und stellte keine weiteren Fragen.

Gott schenkte mir später einen Freund, der wie ich den Wunsch hatte, Gott später in Kamerun zu dienen. Doch zuvor war er als Pfarrer in Deutschland tätig. Meinen großen Kinderwunsch konnte er allerdings nicht teilen. Seine Meinung war, dass ein oder zwei Kinder vollkommen genügten! Weil ich aber darauf drängte, meinte er, wir sollten uns zuerst mal in der Mitte unserer beiden Vorstellungen treffen, und das war zwischen fünf und sechs Kindern. »Das wird sich regulieren, wenn meine spätere Frau erst einmal Kinder hat«, dachte er bei sich. Ich ließ mich darauf ein mit dem Gedanken: Gott wird das schon richtig machen.

Kinder, Kinder

Unser erstes Kind, ein Junge, kündigte sich zu unserer großen Freude an. Alle waren begeistert. Wenige Monate nach der Geburt war ich wieder schwanger mit einem süßen Mädchen. So hatten wir gleich zwei Kinder innerhalb eines Jahres. »Ein Pärchen, wie schön«, stand auf den Glückwunschkarten. Doch bald danach war Nummer Drei unterwegs. Da gab es schon leichtes Stirnrunzeln in unserem Umfeld. Schließlich wurde unser viertes Kind geboren. Das war dann doch zu viel für unsere Umgebung. Jetzt kamen liebevoll gemeinte offene und versteckte Hinweise, dass man da doch »etwas tun sollte«. Einer davon war das Angebot eines Freundes, einmal mit meinem Mann darüber zu reden. Wie gut, dass Gott mir die richtige Antwort gab: »Du kannst auch mit mir reden, ich war da auch dabei.« Danach stellte er keine weiteren Fragen mehr.

Nach der Geburt unseres fünften Schatzes wurden die liebevollen Aufforderungen, endlich etwas zu unternehmen, leiser. Vielleicht stufte man uns als hoffnungslosen Fall ein. Und mein Mann meinte: »Ich hätte mir nie so viele Kinder vorstellen können. Nun lass uns die, die Gott uns noch schenken will, aus seiner Hand nehmen …«

Nach den fünf Kindern hatten wir für einige Zeit ein Pflegekind angenommen, das unbedingt bei uns bleiben wollte. Gott führte uns, diesen Jungen zu adoptieren. Danach beschenkte uns Gott noch mit fünf weiteren Kindern. Die beiden noch fehlenden zu den zwölf gewünschten Kindern nahm unser Vater im Himmel in den ersten Wochen nach ihrer Entstehung wieder zu sich in sein himmlisches Reich. Es war ein großer Schmerz für mich. Wie gerne hätte ich auch diese beiden in die Arme geschlossen.

Wollen Sie die Welt allein bevölkern?
Mit den Kindern war ich in unserem Kleinbus unterwegs zum Strand. Ein Mann hatte uns beobachtet, wie wir ausstiegen. Mit Anerkennung in der Stimme äußerte er: »Leiten Sie ein Waisenhaus?« Als ich voller Freude antwortete, dass dies meine Kinder seien, ließ er Schimpfkanonaden los: »Wollen Sie die Welt allein bevölkern? Man sollte solchen Leuten kostenlos die Pille verordnen! Wohl noch nie etwas von Kondom gehört?«

Wir hatten plötzlich den ganzen Strand als Zuhörer. Es tat mir leid für unsere Kinder. Aber auch ich war tief betroffen. Was veranlasste diesen Menschen, so abfällig über Kinder zu sprechen? War er selbst vielleicht nie gewollt gewesen? Tagelang beschäftigte mich diese Begebenheit. Ich danke Gott, dass ich es dann endlich begriff: Ich muss nicht denken, was andere meinen, dass es für mich richtig sei. Für mich gilt das, was mir Gott für mein Leben gezeigt hat. Nur das zählt! Und es sieht für jeden Menschen anders aus. Jeden führt Gott ganz individuell. Dieses Erlebnis hat sich mir tief eingeprägt. Ich muss nicht! Und ich brauche mich auch nicht mit diesen Gedanken zu beschäftigen. Sie gehen mich schlichtweg nichts an!

Es war fast anstrengender, die Äußerungen solcher Menschen zu ertragen, als Kinder zur Welt zu bringen. Aber Gott ist so groß, dass ER half, mich zu besinnen, dass es seine Kinder sind, die ER uns geschenkt hat, sein großes Geschenk an uns.

Dazu entstanden folgende Verse:
Du musst nicht sein, wie andere dich haben wollen.
Es zählt allein, wie Gott dich haben will.
Und das lebe mit ganzer Kraft.

Schuhe zum halben Preis
Aus der Zeit, als fünf unserer Kinder noch bei uns im Haus lebten, findet sich folgende Eintragung in meinem Tagebuch: Es ist November und ziemlich kalt geworden. Ich hole die Winterschuhe vom letzten Jahr heraus. Entweder sind sie für die nächst kleineren Kinder noch zu groß oder schon zu stark abgetragen. Wir kommen zu dem Schluss, dass wir fünf Paar neue Schuhe brauchen.

Alle Kinder packe ich in unseren kleinen Bus, um zu einem uns bekannten Schuhgeschäft zu fahren. Außer für den Jüngsten finden wir nichts. Entweder sind die Schuhe viel zu teuer oder sie gefallen den Kindern absolut nicht. Also neuer Anlauf nach dem Mittagessen. »Dieses Mal lasst uns zuvor beten«, sage ich zu den Kindern, »damit Gott uns in ein Geschäft leitet, in dem wir das richtige finden.«

Wir kommen an. Ein großes Schild hängt an der

Eingangstür: »Heute ausnahmsweise Schuhe zum halben Preis!« Die Kinder sind begeistert. Sie finden Schuhe, die ihnen nicht nur gefallen, sondern auch passen. Dazu sind sie so günstig, dass jedes sogar zwei Paar bekommen kann!

»Warum bieten Sie so etwas an?«, frage ich an der Kasse.

»Keine Ahnung«, meint die Verkäuferin. »Ab und zu findet unangekündigt solch eine Aktion statt.«

Auf dem Heimweg sprechen wir über diese Aktion, die Gott speziell für uns ausgesucht hatte. Und so hatten wir allen Grund, ihm gründlich zu danken!

Aber warum haben sie es nicht probiert?
Kinder, Kinder! Ich mag ihre ehrliche Art, Fragen zu stellen. Auch wenn diese nicht immer so leicht und manchmal auch gar nicht zu beantworten sind. Ich las den Ausspruch: »Kinder können klügere Fragen stellen als Professoren beantworten können.« Allerdings kann die Warum-Fragerei manchmal auch ganz schön nerven.

Über viele Jahre hielt ich Kindergottesdienst in unserer Kirche. Ich hatte große Freude daran, die Geschichten der Bibel auch spielerisch zu veranschaulichen. So regnete es bei der großen Flut zu Noahs Zeiten prasselnd mit den Fingern auf den Holzbänken.

Auch Moses Leben wurde mit den Ideen der Kinder lebendig. Jetzt waren wir an der Stelle angekommen, die wir mehrmals schon gehört hatten: Das Volk war unzufrieden und murrte gegen Gott und Mose. Gott schickte dieses Mal Schlangen mit tödlichem Gift. Wer gebissen wurde, starb. Die Kinder reagierten erschrocken: »Mann, wenn Gott das auch so bei uns machen würde, wären wir alle schon tot. Ich bin ganz oft am Motzen!« Was schickte Gott wohl dieses Mal als Hilfe? Mose sollte eine Schlange nachbilden und an einem dicken Stab anbringen und dann aufrichten. Wer auch immer auf die Schlange blickte, der würde nicht sterben, sagte Gott zu. Die Kinder atmeten erleichtert auf. Doch trotzdem starben immer noch viele Leute. Half es doch nichts? Doch es half! Aber die Menschen glaubten nicht, dass es wirken würde. »Ich hätte es vielleicht auch nicht geglaubt, dass so etwas helfen würde!«, meinte ein Kind. Aber da meldete sich ein Mädchen. Sie war etwa acht Jahre alt. Voller Leidenschaft und Schmerz rief sie mit Tränen: »Aber sie hätten es doch wenigstens probieren können!«

Dieser Ausruf ging mir noch lange nach. Wenigstens probieren, dass Gott sein Wort hält. Wenigstens probieren, dass es einen gibt, der das ganze Unheil der Welt auf seine Schultern nahm, um die Schlange zu besiegen. Wenigstens einmal beten und ihn bitten, in unser Herz zu kommen. Und dann erleben: Ja, es wirkt! Das Gift der Sünde hat die Wirkung verloren. Jesus Christus hat die Schlange besiegt.

Du bist die Allerschönste
Ja, es stimmt, ich freue mich darüber, wenn jemand etwas Nettes zu mir sagt. »Der neue Haarschnitt ist su-

per!« – »Kannst du mir das Rezept verraten, mit dem du uns heute verwöhnt hast?« – »Du bist echt schnell!« Das alles lasse ich mir dankbar gefallen.

Wenn wir eine Aufgabe gut erledigt haben und jemand honoriert es, geht uns das hinunter wie Öl. Sagt aber jemand: »Dein Kleid steht dir echt gut«, da müssen wir Frauen sofort Erklärungen abgeben: »Das war ein Schnäppchen. Eigentlich wäre es viel teurer gewesen …« Wenn wir hören: »Wow, du hast abgenommen!«, klingt das in unseren Ohren zunächst gut. Aber gleichzeitig lässt es uns wissen: »Du warst vorher zu dick. Endlich hast du mal etwas dagegen unternommen.« Schade, dass wir nicht einfach »Danke« sagen und uns darüber freuen können!

Wie viel leichter ist es, wenn Kinder uns Gutes sagen. Da spüren wir ihr ganzes Herz und ihre Zuneigung. Was sie sagen, meinen sie genau so. Und es erwärmt unsere Seele. Wir sollten es mehr verinnerlichen. Denn auch sie werden älter und uns gegenüber kritischer. Und obwohl sie uns noch genauso brauchen und lieben, distanzieren sie sich durch Worte und Verhalten.

Eigentlich müssen wir uns jedes ihrer lieben Worte aufschreiben. Und gelegentlich sollten wir uns diese Worte in Erinnerung rufen, damit sie nicht erkalten. Diesen Rat bekam ich von einer alten Dame. Mit unserem Jüngsten war ich unterwegs im Flugzeug. Wir warteten im Gang auf dem Weg zur Toilette. Plötzlich griff er nach meiner Hand und sagte: »Mama, du bist die Allerschönste und die Allerbeste.« Eine ältere Dame blickte von ihrem Sitz zu mir auf: »Schreiben Sie sich das auf, sobald Sie zu Hause sind. Das sind Aussagen, die festgehalten werden sollten. Sie sind vergänglich!«

Welche Lebensweisheit! Ich kannte diese Frau nicht. Aber ich habe ihre Worte mit nach Hause genommen. Das Kompliment habe ich aufgeschrieben. Schwarz auf Weiß steht es da in einem meiner Tagebücher. Und deshalb weiß ich es heute noch, obwohl dieser Sohn schon lange erwachsen ist.

Bis zum hohen A
Der Kirchenchor feierte sein 100-jähriges Bestehen. Zu diesem Anlass war das Orchester des Nationaltheaters Mannheim eingeladen. Mit großer Freude sang ich im Chor mit. Auch das »Halleluja« von Georg Friedrich Händel wurde aufgeführt und viele wunderbare Gesänge wurden eingeübt. Mit dem Orchester zusammen wurde schließlich die Probe durchgeführt. In der großen Kirche fühlte ich manchmal, als würden Engel mitsingen. In den Jahren zuvor hatte ich bei dem Chorleiter, einem Kirchenmusikdirektor, Unterricht genommen. Er war einer unserer Nachbarn. Die Stunden bei ihm waren kostenlos. Da wir zwar reich an Kindern waren, aber weniger reich an Geld, nahm ich diese tolle Gelegenheit wahr. Oft fühlte ich mich zu müde, um zur Gesangsstunde zu gehen, aber ich merkte, wie das Singen meiner Seele unendlich guttat. Außerdem ermutigte mich der Lehrer immer wieder, nicht aufzugeben. Inzwischen sang ich bis zum hohen A.

Begleitet von Orgel und Orchester sollte ich das »Benedictus« als Solo vortragen. Ich war ziemlich aufgeregt. Doch Gott gab Gnade. Ich denke, dass ich nie wieder so gut gesungen habe wie an diesem Tag!

»Wer war die Sängerin?«, fragten manche Besucher hinterher.

»Das war die Frau aus unserem Ort, die mit den vielen Kindern«, war die anerkennende Antwort.

Ich staune über Gott, der wie ein Türöffner wirkt, ohne dass wir wahrnehmen, wie er leise Fäden spannt.

Wenn Menschen es besser wissen als Gott
Voller Glück hatten wir geheiratet. Voller Elan uns in der Kirchengemeinde eingebracht. Voller Freude uns auf die Mission in Kamerun/Afrika vorbereitet. Dann erkrankte mein Mann schwer. Unsere hoffnungsvollen Pläne scheiterten. Statt Mission Depression. Welch ein schrecklicher Tausch!

Doch noch schlimmer waren die Vermutungen der Glaubensgeschwister. Zunächst beteten viele intensiv für uns. Als sich dann nichts veränderte, vermutete man bei uns fehlenden Glauben und schließlich dann Schuld, die Gott anscheinend am Eingreifen hinderte. Wir waren tief verzweifelt.

Wenn, dann … Eine alte Geschichte, mit der Menschen meinen, Gott in den Griff zu bekommen. Sie tun ihr Teil, dann muss Gott auch seinen Teil dazu geben. Die Folge ist oft Enttäuschung über Gott, wenn er anscheinend nicht eingreift. Und zusätzlich kann sich noch

Unverständnis mit unserem Leid auf der Seite der Gemeinde bilden: Wenn unser Teil der Umkehr nicht die erhofften Früchte trägt, muss es ja an uns liegen. Wir gerieten buchstäblich in Gefangenschaft von Festlegungen und Vermutungen, die sehr schmerzten. Unsere festgefahrenen Gedanken waren gefangen in den Meinungen der anderen.

Aber irgendwann bekehrten wir uns zum Herrn: Er hatte all das zugelassen. Wir wollten ihm neu vertrauen, dass er einen guten Weg für uns hatte, auch wenn wir ihn nicht verstanden. Wir taten Buße für unser Misstrauen gegenüber seinen Wegen – und Buße darüber, dass wir uns durch die anderen ins Gefängnis hatten setzen lassen – und Buße, weil wir bitter geworden waren gegenüber unseren Geschwistern.

Heute ist mein Mann 1. Vorsitzender der Family-Life-Mission, die in 17 Ländern Afrikas arbeitet. Wir hatten nur Kamerun im Blick – Gott aber viele Länder!

Die fehlende Stimme

Seit Monaten habe ich Probleme mit der Schilddrüse. Mein Hals hat beträchtlich zugelegt, und auch das Atmen fällt gelegentlich schwer. Eigentlich hatte ich Gott darum gebeten, mir eine Operation zu ersparen. Und das war ja ohnehin für ihn kein Problem. Heilung war sowieso seine Spezialität! So wartete ich Monat um Monat auf sein Eingreifen.

Im Zusammenhang mit der OP kam mir auch die Frau in den Sinn, die ich vor Kurzem getroffen hatte.

Sie war nach solch einer Operation nicht mehr fähig, richtig sprechen zu können. Und ich sang doch so gerne und drückte darin auch meine Liebe und Dankbarkeit zu Gott aus. Wenn Gott mir nun auch meine Stimme wegnehmen würde? Ich wollte mir das nicht einmal vorstellen, aber es überfiel mich immer wieder Angst, obwohl ich sie Gott abgegeben hatte.

Schließlich konnte die OP nicht länger hinausgeschoben werden. Gott schenkte mir aber wunderbaren Trost durch meinen lieben Mann. Der kam schon am Morgen um 6.30 Uhr ins Krankenhaus gefahren, betete mit mir und begleitete mich dann bis zum Eingang vom Operationssaal.

Als ich schließlich aufwachte, saß er neben meinem Bett. Man hatte ihm erlaubt, auf die Intensivstation zu kommen und bei mir Sitzwache zu halten.

Vor der Operation war ich in einem Zweibettzimmer. Meine Bettnachbarin hatte am Tag zuvor auch eine Schilddrüsen-OP gehabt. Sie konnte schon wieder ganz normal reden. Als ich ihr meine Befürchtungen äußerte, meinte sie ganz gelassen: »Sie wachen danach auf und sagen einfach: Amerika! In diesem Wort ist alles untergebracht, was Sie zum Sprechen brauchen.«

Es war lustig, aber als ich aufwachte, war mein erster Gedanke: »Amerika!« Das versuchte ich auch zu sagen. Aber außer einem krächzenden Geräusch konnte ich nichts von mir geben.

Mein lieber Mann war zunächst einfach nur froh, dass ich wieder bei Bewusstsein war und beruhigte mich: »Du bist doch gerade erst frisch operiert worden. Nun hab doch ein bisschen Geduld!«

Der Arzt teilte uns das Ergebnis mit: Struma von der Größe eines mittelgroßen Apfels, die schon die Luftröhre zur Seite gedrängt hatte. Von außen hatte man das Ausmaß gar nicht so stark wahrgenommen.

Eigenartig, welche Gedanken plötzlich durch den Kopf gehen, wenn man Zeit hat, über alles nachzudenken. Was wäre gewesen, wäre ich nicht mehr aufgewacht? Was, wenn ich einen Narkoseschaden hätte? Wie würde es mit meinem Mann und den Kindern weitergehen? Und überhaupt, was wird mit meiner Stimme werden?

In den Nächten liege ich oft wach. Es sieht aus, dass ich bald wieder nach Hause darf. Was aber ist mit all den Menschen hier im Krankenhaus, die wissen, dass sie nie mehr gesund werden?

Ein großes Mitleid erfasst mich, zusammen mit einer großen Dankbarkeit.

Lange begleitete mich in den Wochen danach ein Vers aus Psalm 29,10: »Der Herr regierte zur Zeit der Sintflut.« Mir wurde klar, dass Gott auch da die Übersicht hatte, als nichts mehr als Wasser zu sehen war. Der Herr stand diesem Chaos nicht hilflos gegenüber. Er wusste genau, wann er diese Flut beenden würde.

Bei mir war es die Tränenflut, die oft aus meine Augen floss. Wann würde Gott mir wieder die Stimme schenken?

Es war bei einem Sonntagsgottesdienst. Ich hatte das Gesangbuch wie immer aufgeschlagen. Aber an diesem

Morgen vergaß ich für einen Moment, dass ich gar nicht singen konnte. Ich öffnete den Mund, aus dem nur ein leises Geräusch kam. Dafür flossen aus meinen Augen die Tränen auf die Blätter des Buches. Was hatte Gott mit mir vor? Die geplanten Vorträge mussten abgesagt werden. Meinen Gesangsunterricht, den ich erst vor Kurzem mit großer Freude begonnen hatte, konnte man jetzt vergessen. Meine Diagnose hieß: einseitige Stimmbandlähmung. Man machte mir Hoffnung, dass es möglich wäre, dass eines Tages die Stimme wieder kommen würde. Aber wann? Was wollte Gott mir sagen?

»Herr«, betete ich, »regiere du meine Sintflut.« – »Weiß ich den Weg auch nicht, du weißt ihn wohl.« Die Verse dieses Liedes begleiteten mich.

Ich brauchte eine ganze Zeit, bis ich meine eigenen Wünsche auf den Altar legte, und mich mit dem Willen Gottes einverstanden erklärte. Bis ich sagen konnte: »Herr, ich weiß, dass dir nichts unmöglich ist. Du kennst meinen tiefsten Wunsch nach Heilung. Aber du weißt am besten, was für mich richtig ist.«

Und er erhörte mein Gebet: Im Laufe von Wochen und Monaten kam meine Stimme wieder.

Nach und nach konnte ich auch lauter sprechen und schließlich sogar wieder Vorträge halten.

»Du weißt den Weg für mich, du weißt die Zeit, dein Plan ist fertig schon und liegt bereit. ...
Drum wart ich still, dein Wort ist ohne Trug, du weißt den Weg für mich, das ist genug.«

Rezept zum Durchhalten

Jeden Tag am Morgen und am Abend etwas finden,
wofür du DANKE sagen willst.
Jeden Tag einem Menschen etwas Liebes sagen.
Jeden Tag etwas Schönes bewusst anschauen
und dich daran freuen.
Jeden Tag ein Lied singen,
auch wenn dir nicht danach zumute ist.
Jeden Tag zu unserem Herrn Jesus aufschauen,
weg von den Umständen
und laut sagen:
Du bist bei mir – immer und überall
und wirst mich nicht verlassen.

Ruth Heil

Das rote T-Shirt
Jetzt war er da, der Tag, auf den ich mich freute – und den mein Sohn fürchtete. Viele Jahre lang waren wir Stammgäste bei der Musikschule. Einige unserer Kinder hatten dabei Klavierspielen gelernt. Zu Anfang waren sie begeistert, aber als es dann ans Üben ging, ließ die Freude deutlich nach. Doch einer unserer Jungs war weiter ein Klavierfan. Wenn er an den Tasten saß, spielte er seine ganzen Emotionen ins Instrument hinein. Allerdings freute er sich daran am liebsten allein. Er brauchte und wollte keine Zuhörer.

Doch nun war der Tag gekommen, an dem er nicht vorbeikam. Die Musikschule forderte einmal pro Jahr, das Können der Schüler zu überprüfen, da diese Einrichtung staatliche Förderung bekam. Dieses Mal sollten die Besten des ganzen Einzugsbereichs ihr Können am Klavier zeigen. Dazu eingeladen waren auch Eltern und Freunde der Schüler in eine Konzerthalle mit Flügel.

Die jeweiligen Lehrer hatten den Eltern mitgeteilt, entsprechende Kleidung zu diesem Ereignis zu tragen.

Wir waren fertig zum Aufbruch, als unser Sohn, ein 16-jähriger Teenager, in rotem T-Shirt erschien. Passend dazu trug er rot-weiße Turnschuhe und eine dreiviertel-lange Hose. Ich hatte ihm Tage zuvor Geld gegeben, um sich in der Stadt etwas Passendes zu besorgen. So stand er jetzt vor mir.

»Bitte zieh dich jetzt schnell um, wir müssen bald gehen!«, forderte ich ihn auf.

»Aber ich bin bereit« kommentierte er.

»Du kannst so auf keinen Fall zum Vorspiel gehen!«, sagte ich entsetzt.

»Aber ich will so gehen. Und ich werde nur in diesem Outfit auftreten«, meinte er entschlossen, »sonst komme ich überhaupt nicht mit.«

Alles Diskutieren half nichts. Um ihn überhaupt zum Mitfahren bewegen zu können, beließ ich es schließlich dabei und wir brachen auf.

Schon auf dem Parkplatz bemerkte ich, dass seine Kleidung wirklich nicht passte. Kinder mit schwarzen Hosen und weißen Hemden gekleidet, manche erst um die zehn Jahre jung, stiegen mit Eltern aus erstklassigen Autos. Am liebsten wäre ich da schon wieder umgekehrt. Doch ich hatte keine Wahl.

Auf vornehmen Sitzen suchten wir uns einen Platz. Nach einer entsprechenden Ansprache des Leiters der Schule begannen die einzelnen Kinder ihr Können zu zeigen, jeweils mit Einführung und Ansage der gespielten Stücke durch den jeweiligen Lehrer.

Dann kam unser Sohn an die Reihe. Mit seinen großen Schuhen schlenderte er in seinem Rot-Look lässig zum Flügel, rückte sich etwas aufwändig den Stuhl zurecht – und begann zu spielen. Ich hatte versucht, nicht genau hinzusehen, denn zuvor hatten schon einige große und kleine Spieler ihr Können bewiesen, natürlich in schwarz-weiß gekleidet, passend zum Instrument. Ich meinte zu hören, was im Kopf der Anwesenden vor sich ging.

Doch schließlich vernahm ich auch das Klavierspiel unseres Jungen. Chopin war angesagt. Und Chopin klang donnernd, leise, an- und abschwellend durch den Raum. Aufatmend seufzte ich innerlich auf: Sein Spielen war auf jeden Fall in Ordnung. Der Applaus stimmte auch.

Doch als die Pause begann, verzog ich mich mit unserem Sohn. Er war voll einverstanden, dass wir nach Hause fuhren.

Am nächsten Tag telefonierte ich mit seiner Lehrerin und entschuldigte mich für unser verfrühtes Gehen, aber auch für das Outfit meines Sohnes. Ich versuchte zu erklären, warum ich leider keine andere Möglichkeit gehabt hatte, ihn zum Ort der Aufführung zu bringen.

Sie aber lachte nur: »Das war einfach genial! Zum Schluss hörte ich immer wieder den Ausspruch: ›Da waren wirklich kleine Genies dabei. Aber der mit dem roten T-Shirt, der war der Beste.‹ Und dann konnte ich, nicht ohne ein bisschen Stolz dabei, sagen: ›Das war mein Schüler!‹«

Auf diese Weise hatte unsere liebenswerte Klavierlehrerin auch ein dickes Lob bekommen. Das hatte sie verdient! Das rote T-Shirt hatte sich doch gelohnt.

Wie viel im Leben befürchten wir, was sich manchmal später als Segen herausstellt?!

Du bist die Frau
Immer wieder haben wir Samstag-Nachmittage, an denen wir uns mit Freunden zum Singen, zur Andacht

und zum Gebet treffen. Trotz allen Vorbereitungen ist das ein Anlass großer Freude und innerem Gewinn für Leib und Seele. Leib deshalb, weil möglichst jeder etwas Leckeres zum Essen mitbringt. Da wird gelacht und ausgetauscht in einer fröhlichen Runde, und es fühlt sich schon ein wenig wie Himmel an.

An jenem Tag ging es zunächst auch sehr froh zu. Ich saß am Klavier zur Begleitung der Lieder und meine Seele tankte in der Gegenwart Gottes auf. Einige Anliegen wurden mitgeteilt, für die zuvor gebetet wurde. Eine Frau, die mehrere Kinder hatte und gerade durch finanzielle Not ging, bat darum, für eine Waschmaschine zu beten. Noch während sie betete, war es mir, als würde Gott zu mir sagen: »Du bist gemeint.« Ich schaltete mein Gehirn ein und dachte: Ich mit meinem Helfersyndrom meine natürlich immer gleich, dass ich das zu stemmen habe. Aber wir haben doch gebaut und ansonsten geben wir noch den Zehnten. Das muss doch jetzt nicht sein. Außerdem sitzen unter uns doch noch »betuchtere« Leute. Für die ist der Betrag einer Waschmaschine sicher nicht so herausfordernd wie für uns.

»Herr«, betete ich im Innern, »kannst du bitte mal bei denen deine Telefonleitung einschalten?«

Über was für Bibelverse oder Themen mein Mann die Andacht hielt, weiß ich nicht mehr. Ich hörte nur immer wieder die Worte »du bist die Frau«, wie sehr ich mich auch auf die Worte meines Mannes konzentrieren wollte. Es war nichts zu machen. Gottes Stimme ließ sich nicht »abwimmeln«.

Ich hielt danach Rücksprache mit meinem Mann und er meinte nur: »Wenn du meinst, dass Gott es dir gesagt hat, dann wollen wir es auch tun.« Ich weiß nicht, ob wir so viel Geld zu Hause hatten oder einen Scheck schrieben, auf jeden Fall gab ich der Frau den Betrag, den sie brauchte. Dankbar nahm sie das Geschenk an, lobte Gott für seine schnelle Antwort und machte sich auf den Heimweg.

Nacheinander verließen die Gäste unser Haus. Nur das Ehepaar, das ich in Gedanken ausgewählt und Gott dabei in den Ohren gelegen hatte, war noch da. Zuletzt waren auch sie zum Gehen bereit. An der Garderobe stand ich, um sie zu verabschieden.

»Ach, fast hätte ich es vergessen«, meinte der Mann, »wir haben doch etwas für euch mitgebracht.« Er lächelte mich dabei an und sagte: »Du kannst ja lesen, was ich geschrieben habe, wenn wir dann gegangen sind.«

So geschah es. Ich war wirklich platt, als ich den Scheck aus dem Kuvert nahm. Darauf stand exakt der Betrag, den wir gerade verschenkt hatten. Niemand hatte es mitbekommen, als ich ihn der Frau überreicht hatte. Und der Betrag, den wir geschenkt bekamen, war schon bei unseren Freunden zu Hause aufgeschrieben worden, bevor sie im Gottesdienst die Bitte der Frau gehört hatten.

Manchmal habe ich den Eindruck, Gott prüft uns auf unseren Gehorsam hin. Oder will er uns nur überraschen und wissen lassen, dass ER alles weiß, und wir ihm letztlich nichts schenken können, was ER uns in seiner Liebe wieder zurückerstattet?

Diese Erfahrung der Rückerstattung haben wir als Ehepaar oft erlebt. Manchmal bekamen wir in kurzer Zeit sogar den exakt doppelten Betrag von Gott durch Menschen zurück. Welch ein liebender Vater, der für seine Kinder Sorge trägt!

Gebet ist eine Kommunikationsform, die Ewigkeitscharakter hat.
Ich bete heute, dann wirkt ER schon gestern und ist morgen da!
Aber: Gott mutet es uns zu, warten zu können!

Der Weihnachtsgestank

In vier Wochen würde Weihnachten sein. Dieses Jahr wollte ich endlich so feiern, wie ich es mir oft gewünscht hatte. Unsere Kinder waren flügge geworden. Die Arbeit war überschaubar, bevor an Weihnachten der Trubel beginnen würde. Ich hatte mir fest vorgenommen, mir im Advent Zeiten der Stille zu nehmen, um die Freude über Jesu Kommen in mein Herz sinken zu lassen.

Es klingelte. Unsere Tochter stürmte mit unserem Enkelkind samt ihrer Hündin Sheema herein.

»Mama, ich hab´s eilig. Mit Josh will ich zur Feier in den Kindergarten. Kann ich Sheema bei dir lassen? Ach ... nur so zur Vorsicht: Sie wird bald ihre Jungen bekommen. Falls es wirklich passieren sollte. Aber das ist eher unwahrscheinlich. Also dann, bis bald!« Und schon war sie verschwunden.

Sheema ließ sich in unserer Garderobe nieder. Sie liebte diesen Platz mit dem Teppich, von dem sie durch die Haustür alles verfolgen konnte, was draußen vor sich ging. Ungewöhnlich schien mir, dass sie kein einziges Mal bellte. Als ich nach ihr schaute, glänzten ihre Augen eigenartig. Und während ich neben ihr stand, um sie zu streicheln, ging es los: Das erste kleine süße Hundbaby wurde geboren. Ich war ganz entzückt, wie selbstverständlich die Hundemama es von der Nabelschnur ablöste und den Winzling mit ihrer Zunge liebevoll trocknete. Dieses kleine Ding machte sich dann auch gleich auf die Suche nach einer Zitze an Mutters Brust. Kaum hatte es sein Ziel gefunden, kam schon das zweite Welpenkind zur Welt. Und dann ging es munter weiter mit Nummer drei, vier, fünf und sechs. Ich stand staunend daneben, war aber ratlos, wie das alles enden würde. Denn nach einer Pause kamen sechs weitere Winzlinge an. Alle waren quietschlebendig und drängten nach einer Zitze an der Mutter, indem sie sich gegenseitig zur Seite schoben. Mutter Sheema lag mittlerweile völlig erschöpft am Boden. Die letzten beiden Babys nabelte unser Schwiegersohn ab, der inzwischen angekommen war. Schließlich traf auch unsere Tochter fröhlich mit Josh ein. Sprachlos betrachtete sie das Wunder, das sich da inzwischen ereignet hatte. Um die erschöpfte Sheema herum strampelten sich vierzehn kleine Hundebabys ab, um an Milch zu kommen.

Andächtig beobachteten wir alle dieses Geschehen. Doch dann kam die ganz praktische Frage auf: Wo und wie sollen wir mit diesem Wunder weiter umgehen?

»Unsere Mietwohnung ist viel zu klein, das ist unmöglich, dort alle unterzubringen! Mama, sie müssen bei euch bleiben. Mein Mann kann eine große Kiste herstellen. Die stellen wir in den hellen Keller unten. Wir werden uns natürlich beim Füttern und Saubermachen beteiligen.« Ach, natürlich, darüber hatte ich noch gar nicht nachgedacht. Die Kleinen mussten zugefüttert werden. Das war für Sheema sonst gar nicht zu schaffen! Mir stockte der Atem. War das die Stille Zeit, die ich mir gewünscht hatte? Offensichtlich fand sich keine andere Lösung.

Inzwischen war es nur noch eine Woche bis Weihnachten. Sheema ging es gut. Die Winzlinge im Keller waren kräftig gewachsen und zuckersüß. An Weihnachtsstille war allerdings nicht zu denken. Ständig musste zugefüttert und ebenso der Mist entsorgt werden.

Es klingelte. Als ich öffnete, stand ein Postbote vor der Tür, der mir unbekannt war. Als ihm der »liebliche« Geruch entgegenkam, der unser Haus erfüllte, trat er instinktiv einen Schritt zurück. Über diesen Abstand hinweg überreichte er mir die Post. Bevor ich eine Erklärung abgegeben hatte, war er verschwunden. Ich schloss die Tür und stöhnte innerlich: »Bei anderen Leuten riecht es in dieser Zeit nach Weihnachtsgebäck. Und bei uns?«

Während ich mich noch selbst bedauerte, fiel mein Blick auf die Weihnachtspostkarte, die oben auf lag. Eine liebe Bekannte hatte mir geschrieben: »Liebe Ruth, ich wünsche dir, dass dein Haus zum Stall und dein Herz zur Krippe wird!«

Ich musste laut lachen. Diese Frau hatte keine Ahnung, wie sehr unser Haus gerade Stallgeruch hatte! Aber nach und nach dämmerte mir buchstäblich, was mich an der Weihnachtsfreude hinderte: Ich hatte Lichterglanz und Weihnachtsplätzchen als Voraussetzung gesehen, um Weihnachten zu erleben. Doch dabei hatte ich vergessen, dass Jesus in einem armseligen Stall geboren wurde und in einer Futterkrippe für Tiere sein Babybett hatte!

Ich hatte wohl einen Stall, aber keinen Platz für Jesus in meinem Herzen. Nur über den Stall jammerte ich und vergaß dabei, Raum zu schaffen für den König der Könige!

»Ich wünsche dir, dass dein Haus zum Stall wird«, stand auf der Weihnachtskarte. Wahrhaftig, dieser Wunsch war in Erfüllung gegangen. »Und dass dein Herz zur Krippe wird«, dieser Wunsch ging in diesem Moment in Erfüllung, als ich betete: »Herr Jesus, hier ist mein Herz! Komm und wohne bei und in mir!«

Da zog eine überwältigende Freude in mir ein! Nun war die Weihnachtsfreude in mir ausgebrochen, auch ohne Plätzchenduft!

Ein Esel zum neuen Jahr

Wie oft schon hatte Gott mir zum neuen Jahr ein Wort geschenkt, das mir in schwierigen Zeiten wie ein leuchtender Stern voranging.

In der Neujahrsnacht hatten wir zusammengesessen und uns ausgetauscht. Wo hatten wir Führungen Gottes in dem vergangenen Jahr erlebt, wann waren wir bewahrt worden, wo war Versöhnung geschehen? Dankbarkeit mischte sich mit Vertrauen, dass Gott auch im neuen Jahr seine guten Hände über uns halten würde.

Ich hatte, wie gewohnt, kleine Karten mit Bibelversen bereit, von denen jeder sich eine wegnehmen konnte. Diese Kärtchen sollten nicht wie ein Orakel sein, sondern wie ein Mut machendes Wort Gottes, voller Vertrauen in die Zukunft zu schauen.

Reihum las danach jeder seinen Vers vor. Wer wollte, konnte auch sagen, was ihn dabei berührte oder ansprach.

»Der Herr bedarf deiner« (Matthäus 21,3) stand auf meiner Karte. Voller Freude las ich es vor: »Jesus will mich gebrauchen!«, sagte ich. »Du weißt, in welchem Zusammenhang dieses Wort steht«, meinte mein Mann. »Es ist außerdem nicht richtig zitiert.« – »Nein, ich weiß es nicht. Aber ich freu mich darüber«, entgegnete ich. »Da ist ein Esel damit gemeint!«, berichtete er. »Die Jünger sollten dieses Tier losbinden und zu Jesus bringen. Falls der Besitzer nachfragen würde, wofür sie ihn bräuchten, sollten sie antworten: ›Der Herr bedarf seiner‹«, gab mir mein Mann zu bedenken.

Für einen Moment war ich betroffen. Aber dann antwortete ich fröhlich: »Das ist mir gleich, ob das ein Esel war. Wenn ich Jesus tragen darf, will ich gerne für ihn ein Esel sein!«

Das Baby im Seniorenheim
Das Telefon läutet. »Frau Heil? Können Sie im Advent

eine kleine Andacht im Seniorenheim bei uns halten? Unsere Leute würden sich sicher freuen!« Gerne sagte ich zu.

Einige meiner Freunde waren bereit, den Nachmittag mitzugestalten. Es fanden sich der Wirt, zwei Hirten, der Gasthausbesitzer und auch Maria und Josef ein. Die brachten sogar ihr wenige Wochen altes Baby gleich mit. Auch eine Futterkrippe konnten wir auftreiben und der Strohesel machte ebenso willig mit.

Im Heim hatte man alle Bewohner, die man bewegen konnte, zusammengebracht. Zusammengekauert, in Rollstühlen, Spezialsesseln, aufrecht sitzend oder vor sich hin stöhnend saßen sie vor uns.

Bei der Begrüßung merkte ich, wie wenige wirklich ansprechbar waren. Dann begann ich, die Weihnachtsgeschichte zu erzählen, wie Maria und Josef ihren Heimatort verlassen mussten, um nach vielen, langen, anstrengenden Tagen nach Bethlehem zu gehen.

»Wohin müssten Sie reisen, um an Ihren Geburtsort zu kommen?«, fragte ich. Plötzlich wurde es unter den Zuhörern lebendig. Einige waren durch die Flucht im letzten Krieg vertrieben worden. Sie erzählten, wie auch sie oft nicht willkommen waren am neuen Ort. Andere hatte es vor Jahren durch ihre Hochzeit in unsere Gegend verschlagen. Jetzt waren wir mitten im Geschehen der Weihnachtsgeschichte. Die spielten wir dann auch: den abweisenden Wirt, die Hirten auf dem Feld und natürlich Maria und Josef im Stall. Das Baby, in weiße Tücher gehüllt, lag in Marias Armen. Josef stand mit seinem großen Hut dahinter. »Ihr Kinderlein kommet, o kommet doch all!« Dieses einfache Kinderlied lud zum Mitsingen ein. Viele Heimbewohner sangen mit. Und jetzt durfte auch jeder nach vorne kommen. Wer auch immer mochte, war eingeladen, zur Krippe zu kommen, das Baby anzuschauen und auch zu berühren. Gott war spürbar nahe. Als wir am Ende das Vaterunser beteten, klang es auch aus dem Mund derer, die zu Beginn des Abends fast abwesend auf ihren Stühlen gesessen hatten. Da flossen Tränen.

Das Jesusbaby, es war ein Mädchen, verschlief das ganze Geschehen. Gott aber schenkte, dass die gute Botschaft, dass er auf die Erde gekommen ist für jeden von uns, in die Herzen drang. Ja, jeder darf zu IHM kommen!

Woher kommt ein Baum?
Die Bergwelt war einfach faszinierend, die Seen leuchtend blau, das Gras schien sogar grüner als anderswo. Wir hatten mit den Kindern einige Tage in Österreich im Urlaub verbracht.

»Wer hat Lust zu einem Spaziergang?« Lange Gesichter. Nein, lieber die Besichtigung einer Eishöhle, mit der Seilbahn hoch hinaus, ein Erlebnisparkbesuch, …

»Ist ja okay, wer will, kann einfach chillen oder lesen oder sich bräunen lassen! Dann geh ich eben allein über die Wiese.« Nun wollte unser Jüngster doch mit. Mit seinen fünf Jahren legte er seine kleine Hand in die meine. Und dann rasselte es unablässig Fragen: »Warum hat die Libelle lange Flügel und bräuchte sie vielleicht gar nicht? Warum hat die dicke Hummel nur so kurze Flügel? Warum können Wolken fliegen? Wo kommen die Farben in den Blumen her? …«

Schließlich setzten wir uns unter eine riesige Linde. Ich wollte ein bisschen ruhen, aber die Fragerei hörte nicht auf. »Woher kommen eigentlich die Bäume?«, wollte er nun wissen.

Die kleinen, runden Früchte der Linde sah man gerade mit ihren beiden »Hubschrauberflügeln« an den Ästen. Ich nahm eine in die Hand und erklärte, dass daraus eine weitere Linde entstehen könnte. »In dieser kleinen Kugel steckt alles für einen neuen Baum. Die Frucht muss nur in die Erde kommen und Wurzeln treiben.«

»Nein, das glaub ich einfach nicht. Das kann doch gar nicht sein«, protestierte er. Mit dieser Baumgeschichte war er auf dem ganzen Heimweg beschäftigt. Solch ein riesiger Baum war aus solch einer »Kleinigkeit« entstanden?

Wieso staunen wir eigentlich nicht mehr über all die Wunder, die täglich vor unseren Augen stattfinden? Dass eine Blumenzwiebel weiß, wann sie blühen soll, dass eine Rose duftet, dass ein Schmetterling sich in die Lüfte erhebt, der als Raupe nur kriechen konnte, dass die Zugvögel im Herbst weite Strecken fliegen und im Frühling zu uns zurückfinden, dass ein Kind wächst im Schoß der Mutter … Die wunderbaren Geheimnisse sind durch die Wissenschaft erklärbar geworden. Aber niemand hat herausgefunden, wer sie erfunden hat. Seit ich den Schöpfer gefunden habe, weiß ich, wem ich für all das Schöne danken kann und bete ihn dafür an!

Immer an der Wand entlang
Eine unserer Töchter wünschte sich als kleines Kind einen echten Elefanten. Dieser Geburtstagswunsch war leider nicht erfüllbar. Stattdessen schenkten wir ihr eine griechische Landschildkröte. Sie bekam den hübschen Namen Kleopatra.

Seit über 40 Jahren lebt sie nun bei uns in Haus und Garten, während die Tochter schon lange eine eigene Familie hat. Diese Schildkröte hat mir durch ihr Verhalten schon viele Lektionen erteilt. Im Winter lebt sie mit uns in unserer Wohnung. Gelegentlich taucht sie auf, marschiert dann vor den Kühlschrank und bleibt dort sitzen, bis ihr Salat oder anderes Futter hingelegt werden. Gelegentlich frisst sie nur, wenn man sich ihr dabei zuwendet und mit der Hand ihr Futter hinhält. Danach »sortiert« sie sich wieder ins Bücherregal ein und schläft weiter.

Im Sommer bewohnt sie ein großes, eingezäuntes Gelände im Garten. Es steht reichlich voll mit Leckerbissen: Löwenzahn, Spitzwegerich und Klee. Doch statt sich daran zu »erfreuen«, marschiert sie ständig am Zaun entlang, um irgendwo ein Loch zu finden, durch das sie weglaufen kann. Dieser ständige Marsch bewirkt, dass die Lauflinie fast kahl ist, während auf dem übrigen Gelände noch alle Leckerbissen stehen. Sie hat nur den

»Spezialblick« auf den Zaun gerichtet und versäumt so viel Gutes, das in unmittelbarer Nähe wächst.

Manchmal komme ich mir vor wie Kleopatra. Nur wenn ich von Gott etwas will, tauche ich bei ihm auf. Ich warte so lange, bis er mich »bedient«, um dann wieder meinen eigenen Weg zu wählen! Oder ich laufe Tag für Tag am Zaun meiner Sorgen, Ängste und Wünsche entlang. Dabei vergesse ich all die vielen Dinge, die in meinem Leben gut sind. Ich blicke nur auf das, was ich nicht habe, statt für all das Gute zu danken, das vorhanden ist.

Vielleicht sollten wir viel öfter zu Jesus aufschauen, statt immer den Zaun in den Blick zu nehmen. Von oben her kann ER uns leicht über den Zaun heben!

Weißt du nicht, dass du mich um alles bitten darfst?
Mit dem Auto war ich auf dem Heimweg. Der Sturm fegte Blätter und Äste über die Straße. Ich fing an, um Bewahrung zu beten und auch darum, dass ich jetzt nicht auch noch in einen Platzregen geriet. Erleichtert und trocken kam ich zu Hause an. Das Danken vergaß ich.

Eigentlich wäre ein kräftiger Regen wichtig gewesen, ging mir durch den Kopf. Bäume hatten schon ihre Blätter verloren und der Boden lechzte nach Wasser. Doch der Wind hatte nachgelassen. Während ich innerlich darüber voller Unmut war, hörte ich eine leise Stimme: »Weißt du nicht, dass du mich um alles bitten darfst?«

Fast erschrocken hielt ich inne. War es Gott, der da zu mir sprach? Was wollte er mir damit sagen? Ja, ich begriff seine Botschaft: »Kind, ich hab dich lieb. Ich bin dein Vater. Ich hab dich erhört, indem kein Tropfen Regen fiel, bevor du zu Hause warst. Jetzt komm doch wieder zu mir, statt schlechte Laune darüber zu haben, weil Dinge nicht laufen, wie du es dir wünschst! Warum bittest du mich nicht einfach darum? Du darfst immer zu mir kommen.«

Beschämt fing ich an zu beten: »Vater, vergib mir meinen Unmut. Gerade hattest du meine Bitte erhört. Ich hab dir nicht einmal dafür gedankt. Und da rege ich mich über Dinge auf, die ich nicht ändern kann – und die für dich Kleinigkeiten sind. Lieber Vater, die Natur braucht Regen. Bitte schenk uns Regen.«

Kurze Zeit später begann ein sanfter und immer stärker werdender Regen, der lange anhielt. Während die Regentropfen ans Fenster klopften, war es wie eine ständige Erinnerung an Gottes liebevolles Reden: »Weißt du nicht, dass du mich um alles bitten darfst?«

Du, Herr, blickst weiter

Ich seh den Samen
in der dunklen Erde,
du siehst die Frucht schon,
sprichst: Es werde!
Ich seh die Wunde,
doch du weißt schon um Heilung.

Ich seh den Abgrund,
du baust mir die Brücke.
Ich seh die Mauer,
du schaffst eine Tür.
Ich habe Angst,
doch du, du sagst zu mir:
Ich bin bei dir!

Ich seh das Dunkel,
doch du siehst schon den Sonnenaufgang!
Ruth Heil

Begegnungen

Der verlorene Sohn
Zu einer wichtigen Besprechung war ich mit der Bahn nach Frankfurt gereist. Am Hauptbahnhof versuchte ich mich zurechtzufinden, um den Veranstaltungsort zu erreichen. Ich fuhr nur selten mit der Bahn, war danach auch immer abgeholt worden. Heute musste ich mich selbst zurechtfinden. Ich sprach verschiedene Menschen an, die auf einen weiteren Anschluss warteten. Doch die einen waren zu sehr in Eile, und andere sprachen kein Deutsch und verstanden nicht, was ich wollte. Eine weitere Frau war bereit, mir zu helfen, kannte sich dann aber mit dem Automaten auch nicht aus.

Ich stand etwas hilflos auf der Stelle, als ich einen jungen Mann auf mich zukommen sah. Er wirkte etwas ungepflegt, hatte aber gute Kleider an und einen freundlichen Gesichtsausdruck. »Können Sie mir helfen?«, fragte ich ihn. Nun probierte auch er, ohne Erfolg, für mich eine Fahrkarte zu ziehen. »Können Sie mir bitte auch helfen?«, bat er nun und schaute mich mit flehenden Augen an. »Was fehlt Ihnen?«, fragte ich. Er konnte sich kaum beherrschen. Tränen rannen aus seinen Augen. »Ich habe es endlich erkannt! Ich bin auf dem falschen Weg! Ich will heim! Ich will zurück zu meinem Vater. Ich will einfach heim!«

»Und was hindert Sie, zu gehen?«, wollte ich wissen.

»Ich weiß nicht einmal, ob der Vater mich wieder aufnimmt. Aber ich will es einfach probieren! Doch mir fehlt das Fahrgeld! Ich hab es mit Betteln versucht, aber das klappt nicht.«

Ich sagte ihm von dem Vater im Himmel, der schon so lange auch auf ihn wartet und sich nach ihm sehnt. »Egal, ob Ihr Vater Sie wieder aufnimmt oder nicht, Gott wartet auf Ihre Umkehr und Heimkehr. Bei ihm ist es nie zu spät, zu ihm zu kommen!«

Der junge Mann fragte mich, ob er mich umarmen dürfe. Dann hielt auch ich ihn einen Moment in den Armen. »Finde den Vater, der dich schon liebte, als du noch nicht geboren warst«, flüsterte ich ihm ins Ohr.

Ich gab ihm das Geld zur Reise. Ob er nur ein raffinierter Betrüger war, oder ob er wirklich nach Hause fuhr und ob der Vater ihn aufgenommen hat? Das alles weiß ich nicht. Aber eines weiß ich: Ich hab ihm von dem Vater im Himmel gesagt, der ihn liebt und bei dem er immer willkommen ist.

Nur eine Zugfahrt lang
Ich bin auf der Heimfahrt mit dem Zug. Wie so oft komme ich ins Gespräch mit meinem Sitznachbarn. Er wirkt sehr müde. Kein Wunder, als Pilot ist er gerade von einem Flug aus den USA zurückgekommen. Aber die Müdigkeit ist weniger groß als seine unendliche Traurigkeit. Er spricht von dem Schmerz, dass seine Frau sich von ihm getrennt hat. Zur Zeit läuft der Scheidungsprozess. Sein ganzes Herz schüttet er aus. Ich habe Zeit. Ich kann zuhören. Und welch besseren Trost könnte ich ihm jetzt schenken als den, dass Gott

seine Verzweiflung sieht. Dass ER uns Jesus geschickt hat, damit er verstehen kann, wie wir Menschen fühlen. Dieser Jesus wurde auch von seinem Freund verraten, von besten Freunden in der Stunde größter Not verlassen.

»Er kennt auch Ihre Not und will Sie wissen lassen, dass ER Sie versteht und durch diesen ganzen schmerzhaften Prozess begleiten will«, sage ich dem Mann.

Er hat seinen Zielbahnhof erreicht und muss aussteigen. Aber er bedankt sich so herzlich für das Gespräch und sagt mir Lebewohl, wie man es zu einem Freund sagt. Ich bete in meinem Herzen: »Herr, bitte geh ihm nach, lass ihn dich finden!«

Neben mir auf dem Gang wartet eine Frau, bis die Toilette frei ist. In meiner Tasche habe ich noch eine Karte »Du bist etwas Besonderes«. Die reiche ich ihr mit den Worten: »Wenn Sie schon warten müssen, sollen Sie auf jeden Fall in dieser kurzen Zeit noch etwas Schönes lesen.« Dankend nimmt sie die Karte an und lacht: »Dieselbe Karte hat mir vor Kurzem eine Freundin geschenkt!«

»Super«, antworte ich lächelnd, »nun haben Sie auch eine von der Schreiberin persönlich.« Natürlich kommen wir auch ins Gespräch über Gott, der jeden von uns so einmalig gemacht hat.

Zuletzt bin ich nur noch mit einem jungen Mann im Abteil. Offensichtlich ist er ein ausländischer Mitbürger. Leider können wir uns nicht miteinander verständigen. In seinen Augen und der gebeugten Haltung sehe ich Mutlosigkeit und Verzweiflung. Es schmerzt mich, dass ich gar nichts für ihn tun kann. Doch, ich kann für ihn beten. Ich spreche mit dem, der auch diesen Menschen kennt. Sein Arm reicht weiter als meiner, um ihm zu helfen. Welch ein Geschenk, einen Vater im Himmel zu haben! »Herr, schick diesem Mann einen Menschen, der seine Sprache versteht, damit er erfahren kann, dass es dich gibt!«

Endlich komme auch ich an und kann aussteigen. Wegen des Lokschadens eines anderen Zuges haben wir mehr als eine halbe Stunde Verspätung. Aber was ist das gegen die Zeit, die Gott mir schenkte, um Menschen von seiner Liebe zu sagen!

Wussten Sie das? Engel können rennen!
Unterwegs in den USA. Umstiege an Flughäfen. Schneller Pulsschlag beim Rennen zum nächsten Gate. Werde ich das nächste Flugzeug erreichen? Handy funktioniert nicht. Kann niemandem Bescheid geben, der mich abholen will, dass ich wahrscheinlich nicht ankommen werde …

Mein erster Flug ging schon mit 30 Minuten Verspätung ab. Nun wird es knapp. Bei der Ankunft erfahre ich, dass ich im selben Terminal abfliegen kann. Zunächst aufatmen. Aber dann ist das Gate, von dem mein nächster Flug startet, 35 Gates entfernt! Ich beginne, auf dem Laufsteg zu rennen. Die Boardingtime hat schon lange begonnen. Bald klopft mein Herz so stark, dass ich es schlagen höre. Ich bleibe stehen, atme tief durch. Die Zeit wird ohnehin zu kurz sein. Ich werde es nicht schaffen. Da steht plötzlich eine Frau neben mir: »Sie wollen Ihr Flugzeug erreichen?«

»Ja«, keuche ich, »aber es wird nicht funktionieren.«

»Doch, das wird es. Ich renne jetzt mit Ihnen.«

Ich wundere mich, denn die Frau trägt keine Uniform, die sie als Angestellte des Flughafens auszeichnen könnte. Doch Nachfrage ist Zeitverlust. Und schon macht sie sich auf den Weg mit mir. Nun rennen wir gemeinsam. Nach kurzer Zeit kommt uns ein Auto entgegen, das zwischen den Gates unterwegs ist. Sie winkt. Es dreht und hält bei uns an. Ich stelle meinen Koffer unter die Bank und will mich bei der Frau bedanken ... doch sie ist spurlos verschwunden. Ich erreiche mein Gate, während die letzten Fluggäste einsteigen.

Als ich meinen Platz gefunden habe, setze ich mich aufatmend nieder. Geschafft! Kopfschüttelnd geht durch meine Gedanken: Ich wusste gar nicht, dass Engel auch rennen können! Danke, lieber Herr, dass sich deine Engel auch in Flughäfen aufhalten.

Haben Sie heute schon die Zähne geputzt?
Wann hat Sie das jemand gefragt? Etwa, wenn Sie morgens ins Büro kamen? Beim Einkauf? Bei einer Einladung? Mir hat noch niemand diese Frage gestellt. Aber einem Pastor soll es so ergangen sein. Ich gebe dieses Gespräch aus meiner Erinnerung wieder.

Als der Pastor seinen Platz im Flugzeug eingenommen hatte, geschah genau das. Eine junge, leicht behinderte Frau stellte ihm diese Frage: »Sir, haben Sie heute morgen schon die Zähne geputzt?« Er antwortete etwas irritiert mit »Ja.« – »Sir, das ist gut so«, hörte er sie sagen, »da bleiben die Zähne besser in Ordnung, und man bekommt weniger Zahnschmerzen.« Nach einiger Zeit folgte die nächste Frage: »Sir, rauchen Sie?« Na, das kann ja heiter werden, dachte er bei sich. Er versuchte, so freundlich wie möglich zu bleiben und versicherte, Nichtraucher zu sein. »Das ist gut, Sir, es erspart viele Krankheiten. Man lebt auch länger.« Okay, das ergibt Sinn, dachte er bei sich und hoffte, dass diese Fragestellungen nun zu Ende waren. Aber er hatte sich getäuscht: »Sir, lieben Sie Jesus?« Na ja, nun wurde es aber ganz persönlich. Das musste ja nicht unbedingt sein! Aber er blieb weiter freundlich: »Ja, ich liebe Jesus!« – »Das ist wichtig, weil man ohne ihn nicht in den Himmel kommt«, sagte sie voller Freude.

Eine Weile herrschte Schweigen. Dann setzte sich ein weiterer Mann in die Reihe. Nach einiger Zeit beugte sich die Frau hinüber und stellte auch diesem Mann die Zahnputzfrage. Es war peinlich. Und natürlich folgte auch die Frage nach den Zigaretten. Jetzt musste mit ziemlicher Sicherheit auch die Himmelsgeschichte folgen. Und sie kam.

Der Pastor hielt die Luft an. Nach einer Zeit der Stille antwortete der Mann: »Wissen Sie, ich habe mir noch nie Gedanken darüber gemacht. Aber vielleicht sollte ich das wirklich tun.« – »Ja«, meinte die Frau, »weil man ohne Jesus nicht in den Himmel kommt.«

Jetzt war der Pastor an der Reihe. Er erklärte mit großer Freude diesem ihm fremden Menschen, welchen Preis Jesus für uns bezahlt hat, um uns zu erlösen. –

Schade, dass solch eine Frau nicht öfter in meiner Nähe im Flugzeug saß. Sonst wäre ich sicher schneller mit Menschen ins wichtigste Gespräch gekommen, das man führen kann: über Jesus und über den Himmel. Doch es geht mir wie dieser jungen Frau. Ich möchte für diesen Jesus Bote sein. Bevor ich ins Flugzeug steige, bete ich: Herr, schenk mir genau den Nachbarn an meiner Seite, der ein offenes Herz hat oder der unbedingt wissen sollte, dass es dich wirklich gibt.

Ich danke unserem Herrn Jesus für die vielen Möglichkeiten, die sich dabei ergaben, mit Menschen über ihn zu sprechen, mit Fremden zu beten, ihnen Mut zu machen, ihre verstaubte Bibel hervorzuholen. Ich ermutige sie, die Bibel in der Mitte aufzuschlagen und bei den Gebeten der Psalmen sich das herauszusuchen, was am meisten auf ihre eigene Not zutrifft. »Sie glauben wirklich, dass es einen Gott gibt, der sich für Sie persönlich interessiert?«, werde ich immer wieder gefragt.

»Ja, ich habe heute Morgen schon mit ihm gesprochen und ihm alles gesagt, was mich bewegt. Das tut so gut! Und Sie dürfen das auch! Probieren Sie es doch einfach aus. Sie können Gott ehrlich die Frage stellen: ›Gott, vielleicht gibt es dich wirklich. Wenn es so ist, zeige es mir bitte.‹«

Ich wünsche mir so sehr, dass Menschen, die Jesus lieben, diese gute Nachricht weitergeben. So viele Schecks für das ewige Leben werden nicht eingelöst, weil Menschen nichts davon erfahren, dass es sie gibt.

Lang ersehnt, nun bist du geboren
In einer Zeitung las ich zufällig folgende Annonce: »Künstler Karlheinz Urban sucht Menschen, die ein Gedicht schreiben zum Thema ›Soli deo gloria‹.« Ich schüttelte fast ungläubig den Kopf. Dass es so etwas noch gibt, dass jemand dazu auffordert, ein Gedicht zur Ehre Gottes zu schreiben, dachte ich. Gleichzeitig ließ mich der Gedanke nicht los, selbst eines zu verfassen. Dieser Künstler sollte auf jeden Fall wissen, dass es noch Menschen gibt, die dem alleinigen Gott die Ehre geben wollten. Und egal, ob meine Worte großartig waren oder armselig, sie sollten Gott ehren.

Doch was sollte ich dazu genau schreiben? Als ich am Abend am Bett unseres jüngsten Kindes stand, kam neu ein Staunen über mich über das Geborenwerden eines Kindes, über das Wunder, das da im Körper einer Mutter geschieht. Und dann erfasste mich in meinen Gefühlen wieder der atemberaubende Moment nach der Geburt wie ein wärmender Schauer.

Ich holte Papier und Stift und schrieb Gedanken um Gedanken nieder, ohne groß zu überlegen, einfach nur die tiefen Emotionen zu Papier bringend.

Lang ersehnt, nun bist du geboren.
Kleines, ich schaue dich an!
Seh dich und seh dich doch nicht,
denn leuchtend bist du verklärt.
Seh in dir das Antlitz des Schöpfers,
der wunderbar dich bereitet.

Tief drinnen wächst ein Erahnen,
mein Fühlen geht über Verstehen.
Ein Jauchzen erfasst mich:
Einmalig groß bist DU,
ewig und einzig und endlos,
von Anbeginn Licht und liebend.

DEINE Hand hat mich berührt!
Ich weine und preise und singe,
ich lache und lobe und lebe,
weil DU, Herr, dich mit mir verbündet.
Dieses Kind ist mir Anstoß zum Jubel,
weil DU als mein Herr mir begegnet.

Wie diese Verse bewertet werden würden, wusste ich nicht. Das war mir auch nicht wichtig. Ich wollte nichts Besonderes tun. Mein Wunsch war nur, diesem Künstler zu sagen, dass es noch Menschen gibt, die Gott lieben und ehren wollen. Ich fragte mich, ob er überhaupt irgendeine Reaktion auf seine Annonce bekommen würde.

Einige Zeit später bekam ich Post. »Sehr geehrte Frau

Heil, über tausend Gedichte gingen nach meinem Aufruf ein. Mit einer Jury habe ich mich beraten, welche eingesandten Worte uns am meisten berührten. Dabei sind Sie nun mit Ihrem Poem auf einem dritten Platz gekommen. Für die Preisverleihung laden wir Sie ein, zu diesem Ereignis nach Witten-Bommern zu reisen. In der großen Stadthalle wird die Veranstaltung zur Ehre Gottes sein. Dort wird auch die Vergabe der Preise sein. In Vorfreude auf Ihr Kommen, Karlheinz Urban«

Wie ich in Erfahrung brachte, war Karlheinz Urban ein Künstler, der schon viele Kreuzwege in Kirchen gestaltet hatte.

Mein Mann gab mir grünes Licht und ermutigte mich, teilzunehmen. Ich nahm kurzerhand sieben unserer Kinder mit auf die Reise. Eine Freundin in der Nähe des Veranstaltungsorts hatte mich eingeladen, bei ihr zu übernachten. Sie räumte dazu fürs Wochenende das Wartezimmer ihres Mannes, der Arzt war, aus, und belegte den Boden mit Matratzen. Am Nachmittag zog ich dann mit unserem jüngsten 18-monatigen Kind los zu dem Event und ließ die anderen Kinder bei ihr. Hunderte Menschen samt vielen Presseleuten hatten sich eingefunden. Es war ein bewegendes Erlebnis, diesen Künstler zu erleben. Er stellte zuerst seine Frau vor und behandelte sie mit großer Hochachtung. Offensichtlich war sie an Demenz erkrankt. Aber er ging so liebenswürdig mit ihr um, dass bei allen Gedichten, die vorgelesen werden sollten, sie die erste war, die ihres vortragen durfte. Es waren ein paar Zeilen, die an das unbeholfene Reimen eines Kindes erinnerten. Doch der Mann setzte direkt nach ihren gelesenen Worten ein, einen Applaus zu geben, dem dann alle folgten. Erst jetzt ging es um die eingesandten Gedichte und Lyrik.

Jeder der ersten Preisträger sollte nun auf die Bühne kommen, um seine Worte vorzutragen. Nun war ich an der Reihe. Als Beruf hatte ich bei mir: »Von Herzen Mutter« angegeben.

Nachdem unser jüngstes Kind bei keinem der Anwesenden bleiben wollte, nahm ich es mit auf die Bühne. Doch als die Kleine die große Menschenmenge unter sich sah, fing sie an zu weinen. Ich begann, ohne mich irritieren zu lassen, vorzutragen: »Lang ersehnt, nun bist du geboren, Kleines, ich schaue dich an …«

Mein Kind hatte inzwischen seine Lautstärke gesteigert. Schließlich setzte ich es auf den Boden und las das Gedicht zu Ende vor, damit man mich wenigstens durch das Mikrofon verstand. Als Preis wurde mir eine wundervolle, gegossene Bronze-Medaille vom Künstler überreicht.

Mein Auftritt war mir ziemlich peinlich. Trotzdem war auch das für etwas gut. Allen Anwesenden war ich nun bestens bekannt, und es ergaben sich dadurch wertvolle Gespräche. Im Rundhaus des Künstlers waren wir danach zum Essen eingeladen. Meine Freude war groß, in ihm einen Menschen zu finden, der Gott von Herzen liebte.

Auf dem Weg zurück zu unseren Kindern und meiner Freundin war in mir ein großes Staunen über meinen großen Gott. Welch einen Reichtum hatte er mir damit geschenkt, dass ich Mutter sein durfte und dieses Glück der Schwangerschaft und der Geburt so oft erleben durfte.

Diese Frau ist schuld!
Immer wieder hatten wir »hohen Besuch«. Ein katholischer Pfarrer kam gerne in unser Haus. Die beiden Männer, mein Mann und er, führten tiefe Gespräche und tauschten sich öfter über Kirche und theologische Ansichten aus. Ich hatte eher die Aufgabe, Kaffee und Kuchen zu servieren und mich möglichst nicht einzumischen. Aber das war okay, da mich solche Themen nicht so sehr bewegten.

Doch dieses Mal kam der Herr Pfarrer speziell wegen mir ins Haus. Er hatte gehört, dass ich gelegentlich mit Frauen gebetet hatte, die so gerne schwanger geworden wären. Gott schenkte die Gnade, dass sie und ihr Mann nach Gebet ein Kindlein erwarteten. Nun kam er mit solch einem Anliegen. Er hatte eine liebenswürdige Sekretärin im Pfarramt, die seit vielen Jahren schon verheiratet war. Leider war ihr Wunsch nach einem Kind bis heute nicht erfüllt worden. »Könnten Sie nicht mit ihr beten?«, bat er mich. »Ich bin nicht Gott«, sagte ich. »Aber wenn ER mein Gebet dafür benutzen will, werde ich es gerne tun.«

Frau Mennon kam. Wir beteten. Dann hörte ich lange nichts von ihr.

Inzwischen waren vier Jahre vergangen. Wir waren

zum Geburtstag »unseres« Pfarrers eingeladen. Und dort trafen wir dann auch auf diese Frau. Strahlend lief sie auf mich zu, ein goldiges Mädchen auf dem Arm. Sie begrüßte mich fröhlich. Dann zeigte sie auf mich und sagte zu der Kleinen: »Schau mal, diese Frau ist schuld daran, dass es dich gibt!« Die Kleine verstand natürlich nichts, aber lächelte mich an. Danach rief Frau Mennon auch ihren Mann: »Schau, das ist die Frau, die für uns gebetet hat!« Mit einer Geste der Dankbarkeit reichte er mir die Hand. Natürlich freute ich mich riesig mit.

Aber eine Sache musste unbedingt noch richtiggestellt werden: »Es war allein Gottes Gnade und nicht mein tolles Gebet! Aber wunderbar, dass ER gehandelt hat!«

Wenn der Teufel gewusst hätte
Im Seminarhaus Sonnenhang am Chiemsee waren mit dem Bus 30 Frauen aus Ludwigsstadt angereist. Der kleine Kurort Bernau wurde überflutet mit Menschen, denn die Frauen waren auch außerhalb untergebracht, da das Haus nicht über genügend Betten verfügt. Schon morgens begannen wir, Gott unser Lob zu singen.

Beate Schmitt, die diesen bunten Strauß von Frauen motiviert hatte, mitzureisen, lernte ich vor Jahren bei einem Frauenfrühstück kennen. Zwei Jahre später war ich wieder zu einer Veranstaltung eingeladen. Und bei ihr waren wir untergebracht. Sie öffnete uns die Tür, und ich merkte voller Entsetzen, dass es außer der Krücke an einer Seite kein zweites Bein gab.

Dann erzählte sie ihre Geschichte. Nach einer ambulanten Routine-Operation, bei der eine Krampfader entfernt werden sollte, hatte sie heftige Schmerzen. Schon auf der Heimfahrt mit ihrem Mann konnte sie es kaum aushalten. Gegen Abend hatte sie dann die Schmerzgrenze erreicht. Der herbeigerufene Notarzt stellte fest, dass statt der Vene die Arterie herausgenommen worden war. Das Bein war schon abgestorben. Die Niere war damit vollkommen überlastet. Obwohl man nicht wusste, ob Beate eine Operation überstehen würde, entschloss man sich dazu. Ohne OP war ohnehin nur der Tod angesagt.

Nach zwei Tagen im Koma erwachte sie. In furchtbaren Alpträumen hatte sie Gott versprochen, ihm ihr Leben neu zur Verfügung zu stellen.

Trotz vieler Einschränkungen wirkt sie mit großem Segen in ihrem Umfeld und ist für viele Menschen ein Zeichen dafür, dass Gott heute noch lebt. Eine der Frauen sagte zu Beate: »Wenn der Teufel gewusst hätte, was Gott durch das fehlende Bein bewirkt, hätte er dir das Bein gelassen.«

Jesus, mein bester Freund
Vor dreißig Jahren war Kristin meine Kindergottesdiensthelferin gewesen, ein goldiges Mädchen, das super mit Kindern umgehen konnte. Inzwischen war sie Lehrerin geworden, verheiratet und hatte selbst zwei Kinder. Doch plötzlich kam eine schwere Krankheit in ihr Leben. Viele Operationen folgten. Sie wurde zum

Pflegefall. Der Mann hatte sich schon lange von ihr getrennt, die Kinder mitgenommen und gegen sie aufgebracht. Vor Kurzem hatte die Tochter darum gebeten, sie möge doch bei ihrer Konfirmation mit ihrem Rollstuhl weder in der Kirche noch beim anschließenden Fest anwesend sein …

Als ich Kristin besuchte, lag sie regungslos im Bett. Sie hatte mein Kommen nicht bemerkt, denn auch ihr Hörvermögen hatte stark abgenommen. Plötzlich erkannte sie mich. Über ihr Gesicht ging ein Strahlen. Auf einer Tafel konnte ich mich ihr mitteilen.

»Jesus ist mein bester Freund geworden«, hauchte sie mir zu. »Er hört mich, er versteht mich, über alles kann ich mit ihm reden.«

Ich konnte nicht anders, als laut zu weinen. Die Tränen schossen mir aus den Augen. Da lag ein Menschenkind, entstellt durch Krankheit, unfähig, sich selbst zu versorgen, abgelehnt und abgeschnitten von der Welt und denen, die sie liebte, und sagte: »Jesus ist mein bester Freund. Er gibt mir, was ich brauche. Ich habe alles!«

Mit ungelenker Hand griff sie zu mir auf, um mich zu trösten. In ihren Augen sah ich Mitgefühl. Und das aus einem Gesicht, das durch Tumore halbseitig gelähmt war.

In Psalm 116, Vers 1 heißt es: »Gott hört die Stimme meines Flehens.« Das heißt nicht, dass plötzlich alles läuft, wie ich es will. Gott hört, das heißt: Er ist da, jetzt hier, bei mir, immer dann, wenn ich mit ihm rede.

Vielleicht erfüllt Gott nicht alle Wünsche.
Aber er füllt unseren Schmerz mit Trost auf,
unsere Verzweiflung mit Freude über sein Nahsein,
unser geängstigtes Herz mit Vertrauen darüber,
dass er uns niemals im Stich lassen wird.

Wie gut!

Wie gut,
dass ER alles sieht
Wie gut,
dass ER alles kann!
Wie gut,
dass ER mir Kraft zum Tragen gibt,
aber auch Mut zur Veränderung schenkt.
Wie gut, dass ER mir seine Liebe anbietet,
wo meine am Ende ist,
und ich nur meine Bereitschaft zeigen muss,
sie zu empfangen!
Wie gut, dass ER mir nichts nachträgt,
was ich zum Kreuz gebracht habe.
Wie gut, dass ich immer neu anfangen darf.
Wie gut, dass ER mich niemals aufgibt!
Wie gut ...
Wie gut ...

Ruth Heil

Unterwegs für Gott

Thailand statt den Philippinen
»Eigentlich müsstest du zu uns auf die Philippinen kommen und ein Eheseminar halten«, meinte Hans, ein mit uns befreundeter Missionar. Nach Austausch mit meinem Mann war der Weg frei. Alles war schon fest geplant, als mein Mann äußerte: »Es wäre doch besser, du würdest diese Reise absagen!« Ich war ziemlich enttäuscht, besonders deshalb, weil er keinen Grund angeben konnte, warum die Entscheidung nun anders ausgefallen war. Ich wollte aber auch nicht gegen seinen Rat handeln. Und so fragte ich, ob er einverstanden wäre, dass ich dann die Reise zu Irene Höft, einer Missionarin in Thailand, annehmen könnte. Sie hatte mich auch vor längerer Zeit eingeladen. Dazu hatte mein Mann ein Ja.

Nun waren wir unterwegs von Bangkok aus in den Norden Thailands. Zwei meiner Kinder begleiteten mich und meine Freundin Elli nach Chiangmai. Dort durfte ich im Rahmen einer Missionskonferenz zu Missionaren sprechen. Ich hatte große Freude dabei, sie zu ermutigen, trotz widriger Umstände, das Feuer für Gott nicht erlöschen zu lassen. Ich merkte neu, dass Mission nicht aus Erfolgserlebnissen besteht, sondern sich auch in einem täglichen Kampf mit Entmutigung und manchmal auch Hilflosigkeit abspielt. Viele Missionare dürfen einfach nur Sämann sein und den Samen ausstreuen. Manche erleben nicht die Freude, den Samen aufgehen zu sehen oder sogar Früchte ernten zu können, oder die Frucht wird wieder zerstört durch Schwierigkeiten, Krankheit und Nöte. Manchmal prüft Gott nur die Treue des Sämanns. Das war mein Thema beim Besuch bei diesen feinen Menschen, die Gott dort in Thailand dem Herrn Jesus dienen.

Manchmal darf man auch Frucht erleben! Und das ist große Freude! Es war das Treffen mit drei unserer ehemaligen Patenkinder. Über mehr als zehn Jahre hatten wir sie »gesponsert«. Nun waren sie angereist, um ihren Dank auszudrücken. Über Englisch konnten wir uns verständigen. Sie hatten gute Ausbildungen absolviert und waren als Computerfachleute beschäftigt.

Wir trafen uns auch mit einem weiteren Patenkind, das Vollwaise ist. Mit vielen Verbeugungen bedankte sich ihre Tante bei uns. Dieses liebenswerte Mädchen ist in der Ausbildung zur Krankenschwester.

Unsere nächste Station war Bangkok. Im Intersiam-Hotel war ein Frauenfrühstück organisiert worden, bei dem ich einen Vortrag halten sollte. Auf der Straße zum Hotel war die Armut allgegenwärtig: bettelnde Menschen, von Not und Krankheit gezeichnete Gesichter, verwahrloste Kinder. Am Eingang zum Hotel sah man gepflegten Rasen, Blumen, vornehm gekleidetes Personal. Und drinnen: ein Buffet mit allem, was das Herz begehrt!

Nach dem Vortrag kam es zur Begegnung mit einer Ärztin, die als Gynäkologin in einem berühmten Krankenhaus in Bangkok arbeitet. Sie berichtete, dass am Morgen, wenn sie ihr Haus verlässt, oft Neugeborene vor der Mauer ihres Geländes liegen. In einem Anwesen weit vor der Stadt hat sie für diese Kinder ein Zuhause gebaut. Junge Frauen und Männer aus der ganzen Welt reisen dort an, um eine Zeit lang mit diesen Kindern zu leben und sie zu versorgen. Wir verbrachten viele Stunden mit den verschiedenen Altersgruppen. Und trotz Sprachschwierigkeiten verstanden wir uns blendend.

Phuket. Von einer englischen Hotelbesitzerin wurde uns bei einem Frühstück ein Kurzurlaub in ihrem Hotel im Süden Thailands, in Phuket, geschenkt. Zusammen mit der Missionarin erlebten wir herrliche Stunden am Strand. Bei einer abenteuerlichen Fahrt in einem Bretterboot fuhren wir durch Höhlen und übers Meer. Wir staunten über die herrliche Inselwelt und gewaltige Felsmassive. Bei der sogenannten »James-Bond-Insel« stiegen wir aus. Vor dieser atemberaubenden Landschaft soll einst der Film »Der Mann mit dem goldenen Colt« gedreht worden sein.

Heimflug und Antwort. Nun waren wir wieder auf dem Heimflug, im Herzen voll von interessanten Begegnungen mit Menschen und begeistert von unserem großen Schöpfergott. Es gab jede Menge zu erzählen.

Aber auch mein Mann wusste uns etwas Interessantes mitzuteilen: In der Zeit, die ich für die Reise zu den Philippinen eingeplant hatte, stand die dortige Insel Mindoro nach heftigen Regenfällen total unter Wasser. Es war nicht möglich, im Auto unterwegs zu sein. Nur per Boot konnte man sich vorwärtsbewegen. Die meisten Häuser standen im Wasser. Giftschlangen drangen bis ins Innere der Häuser.

Für uns hätte das bedeutet, eine lange, ungeplante, unangenehme Zeit auf den Heimflug zu warten. Denn wir wären mit unserem Flugzeug zwar gut gelandet und hätten auch noch freie Fahrt nach Mindoro gehabt. Aber danach hätten wir viele Wochen dort verbringen müssen, bevor die Straßen wieder befahrbar gewesen wären. Gott hatte uns davor bewahrt, diese Reise anzutreten. Es ist wirklich gut, auf seinen Ehemann zu hören!

Eine E-Mail aus Paraguay
»Sehr geehrte Frau Heil, schon lange lesen wir Frauen die Zeitschrift LYDIA. Darin stehen immer wieder Artikel von Ihnen. Nun haben wir die Anfrage, ob Sie sich vorstellen können, auch zu uns nach Paraguay zu kommen, um in einigen Kolonien der Mennoniten zu sprechen.« Erstaunt lese ich mir selbst laut die E-Mail vor.

»Paraguay ist doch in Südamerika?« Fragend schaue ich meinen Mann an.

»So ist es. Man spricht dort spanisch.«

»Aber das kann ich doch gar nicht«, kontere ich.

»Und warum musst du das können?«

»Da ist eine Einladung von dort gekommen! Aber ich kann sie sowieso nicht annehmen. Mein Bandscheibenvorfall macht mir so viele Probleme und Schmerzen.«

»Du kannst ja mal mit dem Arzt darüber reden«, meint mein Mann.

»Sie können reisen«, sagt der Arzt. »Aber wenn das Bein beginnt, taub zu werden, dürfen bis zur Operation nicht mehr als zehn Stunden vergangen sein!« Mit dieser Diagnose komme ich nach Hause.

»Kannst du darüber um Klarheit beten?«, bitte ich meinen Mann. »Der Flug von Frankfurt nach São Paulo in Brasilien soll schon allein elf Stunden dauern. Und von dort geht es dann nach Asunción, der Hauptstadt von Paraguay, weiter, eine lange Autofahrt.«

Mein Mann ist kein Mensch, der risikofreudig ist. Aber nachdem er gebetet hat, macht er mir Mut zu dieser Reise.

Schon die Fahrt zum Flughafen bereitete mir schlimme Schmerzen. Ich fragte mich, ob diese Entscheidung richtig war. Im Flugzeug ging es dann etwas besser. Ich hatte mich mit genügend Schmerzmitteln eingedeckt. Trotz aller Probleme war in meinem Herzen eine große Freude.

In São Paulo verpasste ich beinahe meinen Anschluss-Flug, weil ich am falschen Gate wartete. Der Flug war verlegt worden, aber ich hatte die Ansage nicht verstanden. Im letzten Moment erfuhr ich meinen Irrtum und rannte los. Als Letzte bestieg ich den richtigen Flieger. Aufatmen!

Trudy und Hanna begrüßten mich am Flughafen in Asunción. Als Erkennungszeichen hatte ich geschrieben, sie sollten auf einen weißen Hut achten. Sie umarmten mich herzlich. Es war, als würde ich alte Freunde wiedersehen.

Wenige Wochen zuvor hatte ich von Deutschland aus mit Dorothea Klaue gesprochen. Sie meinte: »Ruth, in Paraguay wirst du auch einige unserer Zuhörer unserer Radiowelle ›Stimme der Anden‹ kennenlernen. Sie werden dich an deiner Stimme erkennen!«

Immer wieder hatte ich zuvor aus Deutschland an HCJB Impulse und Andachen für Frauen geschickt, die ich in meinem Wohnzimmer aufgenommen hatte. Auch ERF Medien hatte Sendungen von mir dafür zur Verfügung gestellt. Ich war gespannt.

Schließlich hatte Dorothea die Idee, ebenso nach Paraguay zu reisen, um dort an der Frauentagung teilzunehmen.

Eine Stunde dauerte die Fahrt mit dem Auto nach Rancho Alegre, einem großen Freizeitzentrum der »Mennos«. Dorothea war schon angekommen. Mit ihr konnte ich mich in den ersten beiden Tagen der Stille austauschen und im Gebet die Zeit vorbereiten.

420 Frauen waren aus den verschiedenen Kolonien vom Chaco angereist. Der Andrang war groß. Vielen musste abgesagt werden. Alle Altersgruppen waren vertreten: sehr junge, aber auch sehr betagte Frauen hatten sich eingefunden, eine farbenfrohe Zuhörerschaft.

Das Thema dieser Tage war die Geschichte der Königin Esther in der Bibel. Zum Abschluss führten die Frauen ein Anspiel auf, das ich zu diesem Bibelteil geschrieben hatte. Und schließlich wurde jeder der teilnehmenden Frauen eine Königinnenurkunde überreicht.

»Geht nach Hause in der Gewissheit eurer Königswürde«, ermutigte ich sie. »Euer himmlischer König Jesus begleitet euch. Er ist eure Hilfe, wenn Probleme auf euch zukommen. Niemals wird er euch verlassen. Das hat er versprochen. Der König erwartet euch! Er hat sozusagen schon den roten Teppich ausgerollt, um euch willkommen zu heißen.«

Die ersten Frauen verließen die Halle. Busse standen vor dem Eingang, um die Frauen in die jeweiligen Kolonien zurückzubringen. Von draußen hörte man lautes, frohes Lachen. Einer der Busfahrer hatte die Frauen gebeten, noch ein wenig zu warten. Es gäbe von seinem Busunternehmen eine neue Attraktion. Er öffnete das Kofferfach und holte eine Rolle heraus. Vor der Einstiegstür entrollte er den roten Teppich, stellte sich wie ein Diener an die Tür und bat höflich darum, einzusteigen. »Du bist aber nicht der Herr Jesus«, informierten sie den Mann. Das hatte zu dem Gelächter geführt.

Was für einen liebevollen Herrn haben wir, der gleich Anschauungsmaterial lieferte!

Hiermit verleihe ich dir Königswürde.

Ich habe dich erwählt, weil du unendlich kostbar bist in meinen Augen. Du bist unvergleichlich und einmalig. Ich setze mein Leben für dich ein, so wichtig bist du mir.

Nimm deinen Platz ein, da, wo ich dich eingesetzt habe. Lass dich nicht durch deine Aufgaben dazu verleiten, dich minderwertig zu fühlen. Keine Arbeit braucht dir zu gering sein. Deine Treue ist wichtig, auch im Kleinen. Sei dir deiner Erwählung täglich gewiss.

Wenn dir Fehler unterlaufen, komm zu mir und erzähle es mir. Dann werde ich da sein und für dich einstehen, wiedergutmachen und die Schuld bezahlen.

Geh fröhlich deinen Weg. Ich werde dich keinen Moment im Stich lassen.

Diene an deinem Platz in der Gewissheit deiner Königswürde. Ich selbst stehe zu dir und habe dir die Krone aufgesetzt und ich habe dich unendlich lieb.

Der König aller Könige

Unterwegs nach Brasilien. Jakob und Mika holten mich nach diesen Tagen im Zentrum ab, um mit mir über die Grenze nach Brasilien zu reisen. Sie wollten mir die Freude gönnen, die Iguaçu-Fälle von der schönsten Seite zu genießen. Ich war nicht so sehr über die Fahrt begeistert, denn meine Schmerzen hatten mich noch ziemlich im Griff. Nach der einfachen Asphaltstraße ging es auf der dreispurigen Straße über den Paranafluss, der Paraguay und Brasilien trennt. Lange Wartezeiten waren angesagt. Aber wer mit Jesus unterwegs ist, hat immer etwas zu tun! Betet ohne Unterlass! Das war auch im Auto möglich. Mit diesen lieben Menschen verbrachte ich Gebetszeiten, die mir unvergessen bleiben. Ich wusste zuvor nicht, wie schnell wir fremden Menschen nah sein können, wenn wir entdecken, dass sie denselben Vater wie wir haben!

Über Nacht waren wir im Hotel.

Die Halskette mit dem Menorah-Anhänger. Am Frühstücksbuffet des Hotels bediente ich mich mit verschiedenen Sorten Melone, frischen Orangen, saftigen Ananasstücken. Im Vorübergehen entdeckte ich am Hals einer Frau, die ebenso Gast war, eine Kette mit einem Menorah-Anhänger, dem siebenarmigen Leuchter im Tempel. War die Frau vielleicht Jüdin? Oder war sie Christin, die diese Kette als Solidarität zu Juden trug? Ich versuchte, sie auf englisch und deutsch anzusprechen. Leider konnten wir uns nicht verständigen. So zeigte ich auf die Menorah und legte dann beide Hände auf mein Herz. Damit wollte ich zeigen, dass ich Israel und das Volk Gottes liebte. Sie lächelte mich voller Freude an. Dann zog sie die Kette aus und legte sie um meinen Hals. Tief bewegt bedankte ich mich. Bis zum heutigen Tag erinnert mich diese Kette daran, dass ich eine Schwester habe, die ich im Himmel wieder sehen, ihren Namen erfahren und sie kennenlernen werde.

Bei den Iguaçu-Fällen. Im Dreiländereck Argentinien, Paraguay und Brasilien spielt sich ein gewaltiges Naturschauspiel in den naturgeschützten Urwäldern ab. Aus verschiedenen Flüssen zusammenfließend stürzen über Felsgestein an vielen verschiedenen Stellen kleine Wasserfälle und riesige Wassermassen in die Tiefe. Mit gewaltigem Getöse nehmen sie immer neue, faszinierende Formen an und lassen dabei wunderschöne Regenbögen aufleuchten. Man kann den Blick kaum abwenden. Es ist so unsagbar schön, dass ich alle Menschen bemitleide, die davorstehen und nicht wissen, wem sie für diese Wunder danken können. Mitten in das Geräusch des fallenden Wassers singe ich: »Dann jauchzt mein Herz dir großer Herrscher zu, wie groß bist du!«

Weiterfahrt in den Chaco
Und weiter geht die Reise zu meinem eigentlichen Ziel zurück nach Paraguay in den Chaco. Viele hundert Kilometer durchqueren wir das Land auf der einzigen Asphaltstraße. Wir machen Halt an einer Leprastation der Mennoniten. Dort finden Menschen Hilfe, die von dieser Krankheit befallen sind. Eine Schusterwerkstatt stellt Spezialschuhe her, um die Füße vor weiterem Schaden zu bewahren. Ärzte gehen in die Dörfer und

besuchen Schulen, um diese Krankheit, die leider noch verbreitet ist, möglichst früh zu diagnostizieren. Welch ein Segen, dass Menschen aus Liebe zu Jesus Menschen helfen.

Vorträge in vielen verschiedenen Kolonien. In Schulen spreche ich zu Erziehern und Eltern, bin in Selbsthilfegruppen für Krebspatienten, habe ganze Jugendgruppen zum Zuhören. Ich bin immer wieder erstaunt, wie Gott mir Worte gibt, die ankommen. Staunend merke ich, dass die Schmerzen während der Vorträge gut zu ertragen sind. Vor den Nächten allerdings graut mir. Doch immer wieder kommt ein neuer Morgen.

Ich habe viele Tränen gesehen und mit vielen Menschen geweint und mit ihnen gebetet. Aber es gab auch Grund zum Lachen und Mitfreude beim Erzählen von Gottes Durchhilfe.

Das Wunder beim Heimkommen. Dann geht es wieder heimwärts, zunächst einige hundert Kilometer mit dem Auto zum Flughafen nach Asunción. In São Paulo steige ich in die Maschine nach Frankfurt um. Trotz starker Medikamente sind die Schmerzen zermürbend und ich komme nicht zur Ruhe. Minuten ziehen sich zur Unendlichkeit. Doch auch dieser Flug geht zu Ende. Als wir in Frankfurt ankommen, atme ich auf. Endlich aufstehen! Die Schmerzen sind beim Gehen erträglich. Meine Freundin holt mich ab. Zwei Stunden Heimfahrt liegen vor uns. Wieder sitze ich in der Schmerzlage. Dann sind wir endlich zu Hause. Ich steige aus dem Auto und staune, wie leicht das geht. Während ich zur Haustür unterwegs bin, kann ich es kaum fassen: Ich bin schmerzfrei! Wie ist das möglich? Mein Mann kommt mir entgegen. Ich kann nicht anders, als meine Tränen fließen lassen. Gott, wie groß bist du!

Bis heute bin ich schmerzfrei und kann Gott nur anbeten und ihn preisen!

Mit einigen Frauen bin ich noch in Kontakt. Sie hatten nach meinen Vorträgen die Idee, eine eigene Zeitschrift für Frauen zu beginnen. Gerne unterstützte ich sie dabei. War das eine Freude, als die erste »Amigas« in meinen Händen lag! In Paraguay wird spanisch gesprochen. Amigas heißt übersetzt: Freundinnen.

Inzwischen sind schon vier Ausgaben erschienen, und das Interesse an der Zeitschrift nimmt immer weiter zu. Welch ein Segen!

Willkommen in Slowenien!
»Würden Sie uns wieder einen Frauentag in Ljubljana halten?«, lautete die Anfrage.

»Mit großer Freude komme ich wieder zu euch wunderbaren Frauen!«, antwortete ich. Bei meiner ersten Einladung hatte ich Ljubljana nicht gleich zuordnen können. Wie gut, einen Mann zu haben, der solche Daten gespeichert hat: »Das ist die Hauptstadt Sloweniens. Slowenien schließt im Norden direkt an Österreich an.«

Jetzt saß ich im Flugzeug. Nach der Zwischenlandung in der Schweiz ging es weiter nach Ljubljana. Welch ein liebevoller Empfang erwartete mich dort! Zu Gast war ich in der evangelischen Gemeinde. Nach meinen ersten

Vorträgen drei Jahre zuvor war der Wunsch entstanden, zwei meiner Bücher in die slowenische Sprache zu übertragen. Alenka Camloh, eine fähige Übersetzerin, hatte danach »Ganz fraulich« und »Liebe kennt eine Grenze« übersetzt. Viele Frauen hatten es inzwischen gelesen. So hatten sich jetzt aus ganz Slowenien 250 Frauen eingefunden. Das Thema hieß »Eine Frau nach dem Herzen Gottes«.

Alenka, die Übersetzerin meiner Bücher, vermittelte auch dieses Mal mein Reden in die slowenische Sprache. Das Herz spielte die zentrale Rolle in meinen Vorträgen.

Das Herz, das Jesus die Tür öffnet, um ihm den ersten Platz zu geben,
das Herz, das bereit ist zur Vergebung,
das Herz, das Gott vertraut trotz der Zweifel in den Gedanken,
das Herz, das sich entschließt, Gott mehr zu gehorchen als den Menschen,
das Herz, das Gott loben will, auch wenn noch keine Lösung der Probleme da ist,
das Herz, das vor Gott seine Schuld bekennt und sich ein neues Herz schenken lässt.

Beim letzten Vortrag bekam jede Frau ein rotes Papierherz. Das sollte jede von ihnen auf besondere Weise »behandeln«. Man konnte Schuld darauf notieren, die einem bewusst geworden war oder auch Unversöhnlichkeit, die man noch in sich trug. Eine andere Möglichkeit war, Namen von Menschen aufzuschreiben, die einem Not und Sorge bereiteten. Die Papierherzen konnte man auch einreißen, um Schmerz und Verletzung auszudrücken. In kleine Papierstücke sollte das Herz zerrissen werden, um damit zu sagen, dass man Menschen nichts mehr aufrechnen oder nachtragen wollte.

Eine große Bewegung ging durch den Saal, als ich einlud, diese Herzen nach vorne auf den Altar zu bringen, auf dem ein Kreuz stand. Manche Frauen kamen gebeugt nach vorne, viele hatten Tränen in den Augen, andere wirkten wie befreit, als sie ihr Herz ans Kreuz legten. Mitarbeiter standen bereit, um »neue Herzen« zu verschenken. Sie sollten das Herz Gottes darstellen, der uns ein neues Herz schenkt. Es waren filigrane, weiße, durchbrochene Herzen, die auch zum Aufhängen geeignet waren. Sie symbolisierten, dass wir durchscheinend sein dürfen für Gottes Liebe. Wo sein Licht hineinfallen kann, da strahlt es dann auch weiter zu den Menschen in unserem Umfeld, besonders auch in der Ehe.

Alenka schrieb mir im Nachhinein verschiedene Zeugnisse:

»Eine Frau bei diesem Seminar war Kirchenbesucherin aus Tradition heraus. Doch bei diesen Vorträgen wurde sie von der Liebe Gottes ergriffen. Sie las die Bücher, die ich von Dir übersetzt habe und hatte neue Hoffnung für ihre Ehe, die zuvor zum Scheitern verurteilt war. Einige Wochen nach den Vorträgen sah ich sie, zusammen mit ihrem Mann, beim Weihnachtskonzert. Sie gingen Hand in Hand! Das hat mich zu Tränen gerührt.«

Alenka schreibt weiter: »Gott hat auch in meine Ehe Heilung gebracht. Du hast uns erklärt, wie Gott uns sieht, und was Mann und Frau in der Ehe brauchen, um sich angenommen zu fühlen.

Ich will es lernen: Wenn ich keine Kraft habe zu lieben und zu vergeben, kann ich Gott um Hilfe bitten. Er gibt mir den richtigen Blick für den anderen. Danke, Herr Jesus! Danke, Ruth!«

Unterwegs in die Ukraine
Auf Einladung des theologischen Seminars in Irpin war ich unterwegs in die Ukraine. Elvira Dauber hatte sich angeboten, mit mir zu reisen, um mich zu übersetzen. Jetzt saßen wir im Flugzeug von Frankfurt nach Kiew.

Es sei mit etwa 60 Frauen zu rechnen, hatte man uns noch wenige Wochen zuvor gesagt. Doch inzwischen hatten sich 180 angemeldet. Aus der ganzen Ukraine waren die Frauen angereist, von unterschiedlichsten Gemeinden zusammengewürfelt. Wie wir später hörten, waren manche mehr als acht Stunden unterwegs gewesen.

»Frauen – wertvoll wie ein Edelstein« hieß das Gesamtthema. Jede Frau durfte sich zu Beginn einen der Halbedelsteine auswählen, die ich mitgebracht hatte.

»Ihr seid Gott viel wertvoller als edle Steine oder Gold. Dieser Stein soll euch immer daran erinnern: Jede von euch ist anders – und doch ist Jede einzigartig und wichtig.« Das war das Grundthema meiner Vorträge.

Xenia, einer jungen Studentin aus dem theologischen

Seminar, vermittelte ich vor jedem Vortrag, welche biblische Geschichte ich erzählen würde. Diese sollten dann von den Seminaristen in einem Anspiel veranschaulicht werden.

Die zehn Jungfrauen. Am eindrücklichsten bleibt mir dieses Anspiel in Erinnerung: Zehn junge Frauen kommen mit brennenden Teelichtern in Gläsern von der hinteren Tür her in den Saal gezogen, fröhlich schwatzend, erwartungsvoll immer wieder zurück zur Tür schauend. Nach und nach werden die Deckenlampen ausgeschaltet. Nur noch die Lichter in den Gläsern leuchten. Aber auch sie verlöschen nacheinander. Mit dem Löschen der Lichter schlafen die Frauen auch ein. Doch plötzlich ruft es laut: »Der Bräutigam kommt!« Jede Frau versucht nun ihre Lampe zu entzünden. Aber bei Fünfen klappt es nicht. Während sie zum Ölverkäufer eilen (sein Geschäft befindet sich am Klavier), kommt der Bräutigam in einem afrikanischen Gewand mit Goldstickerei. Die Fünf mit den brennenden Lampen folgen ihm tanzend und lachend.

Als die anderen Fünf endlich ihre Lampen zum Brennen gebracht haben, eilen sie zur hinteren Tür, durch die der Bräutigam gegangen war. Aber sie ist verschlossen. Hinter der Tür hört man fröhliches Singen. Die zu spät Gekommenen stehen an der Tür und rufen: »Bitte, Bräutigam, mach uns auf! Wir wollen doch auch zu dir!« Da öffnet sich kurz die Tür, der Bräutigam erscheint sehr majestätisch und ruft: »Ich kenne euch nicht.«

Da beginnt ein Schluchzen und Weinen. Die Frauen

gehen auf die Knie, schreien vor innerem Schmerz und rufen: »Zu spät, zu spät!«

Im Saal blieb kein Auge trocken. Lange ging auch mir diese Szene nach. Bin ich bereit, wenn Jesus wiederkommt?

Diese Frauen mit all dem Leid, das ich in diesen kurzen Tagen hörte, sind bis heute oft in meinen Gedanken und Gebeten. Durch wie viel unbeschreibliche Not sind sie gegangen!

Elvira, meine Übersetzerin, schrieb nach diesem Seminar: »Die Frauen nahmen die Botschaft auf wie ein ausgetrockneter Schwamm, den man ins Wasser taucht. Sie waren mit Leib und Seele Zuhörer, wie ich es aus Deutschland kaum kenne. Viele Frauen haben Jesus schon angenommen. Aber ihr Glaube ist noch nicht fest. Versuche und Angriffe des Feindes erschüttern sie. Dann beginnen Zweifel, ob Gott wirklich da ist. Sie verurteilen sich selbst, wenn sie Fehler machen. Ruth hat auch von sich erzählt, wie schnell man versagen kann. Das hat den Frauen besonders gut getan, denn sie meinen, dass den Menschen, die das Evangelium verkündigen, keine Fehler passieren.

Viele Frauen waren berührt worden. Aber auch der Mann von der Technik gab mir Rückmeldung: ›Ich war vor diesen Frauentagen hier eine ganze Woche lang auf einer Tagung zum Aufnehmen der verschiedenen Botschaften. Aber hier habe ich bei einem einzigen Vortrag mehr für mein Leben gelernt als bei all den klugen Vorträgen zuvor.‹«

Ich bin Gott so unendlich dankbar. Denn ich fühle mich weder klug noch besonders begabt. Ich weiß nur, dass ich gerne der Esel des Herrn sein will, wenn er mich gebrauchen kann.

Du bist etwas Besonderes!
Das wollte ich dir schon immer einmal sagen.
Als Gott dich schuf, legte er liebevoll
ein Stück von sich selbst in dich hinein.
Er wollte, dass du einmalig bist.
Ruth Heil

Israel Shalom

Wer in Israel war, kann oftmals nicht aufhören, davon zu erzählen, was er erlebt hat. Es ist so vielfältig, dass man eine Bibliothek davon füllen könnte. Ich habe hier nur ein wenig aus der Fülle herausgenommen.

»*Warst du schon einmal in Israel?*« – Immer wieder wurde ich danach gefragt von Menschen, die gerade erfüllt und voller Begeisterung von einer Reise aus diesem besonderen Land zurückkamen. Wie gerne hätte ich mit Ja geantwortet, aber es schien kaum eine Möglichkeit für mich zu geben, jemals dorthin zu kommen. Man muss im Leben eben immer wieder Entscheidungen treffen. Ich hatte mir immer viele Kinder gewünscht. Gott hat diesen Wunsch erfüllt. Aber solch eine Wunscherfüllung bedeutet auf andere Weise auch Einschränkungen. So reagierte ich auf die Frage: »Warst du schon in Israel?« mit der Antwort: »Leider nein.

Aber das himmlische Jerusalem will ich auf keinen Fall versäumen!«

Doch wir haben einen großen Gott! Und so durfte ich dieses wunderbare Land inzwischen mehrfach bereisen, indem ich eingeladen wurde, Reisegruppen geistlich zu begleiten.

Dieses Land, wie beeindruckt es mich immer wieder! An manchen Stellen spürt man Jesus so greifbar nah und beglückend. Auf der anderen Seite scheint es unbegreiflich, dass ER zulässt, was an Schrecklichem passiert und auch in der Vergangenheit geschehen ist. Gerade das Schwere drang tief in mein Herz und berührt mich bis heute mit unvorstellbarem Schmerz:

In Yad Vashem. Die Fotos und Berichte aus der Zeit des Dritten Reiches konnte ich kaum ertragen und werde sie nie vergessen. Und doch ließ ich sie bewusst auf mich wirken, um mit Tränen Buße zu tun für das unbegreiflich Furchtbare, das sich wirklich – und nicht in einem Horrorfilm – ereignete. Es waren Ausschnitte aus der grausamen Wirklichkeit, die mein Volk verursacht hatte.

Viele aus unserer Gruppe, die aus ganz Deutschland kamen, fanden hier den Namen ihrer Stadt, die beteiligt war an diesem Grauen. Ich entdeckte Dahn auf einem der Steine, ein Ort, der nur 20 km von meinem Dorf entfernt liegt. Ja, auch in unserer Gegend wurde gemordet. Tief erschüttert fand ich Hunderte von Städten, die ebenso tätig geworden waren bei der Vernichtung von Menschen und Synagogen.

Am sogenannten Pilatusbogen machten wir Halt. »Ecce

homo! – Seht, der Mensch!«, sagte Pilatus, und stellte den blutüberströmten und mit Dornenkrone geschundenen Jesus dem schreienden Volk gegenüber. Und obwohl Pilatus von seiner Frau Claudia Procula gewarnt worden war, diesen Gerechten nicht zu verurteilen (sie hatte das im Traum erlebt), gab Pilatus dem Drängen der aufgehetzten Menschen nach. »Kreuziget ihn!«

Etwa fünf Meter unter unseren Füßen lag der damalige Platz, an dem das Todesurteil gesprochen wurde. Und Jesus, der Heilige Gottes, gab sich in die Hände der Mörder.

»Das tat ich für dich«, ging es und geht es noch heute durch meinen Kopf, während ich es niederschreibe. »Ich hab es selbst verschuldet, was du getragen hast«, heißt es in einem Lied.

In der Kirche hinter dem Bogen saß ich in stiller Dankbarkeit und Anbetung dem Mann gegenüber, der sein Leben gab, damit ich gerettet würde.

Tage später standen wir an der Klagemauer. Mir war es, als würden die Steine die Not dieses Landes laut hinausschreien. Jeder Stein erschien mir wie ein Laststein, der jederzeit herunterfallen kann. Und doch sind es die Steine, die den Berg des Tempels trugen. Auch die Altäre im Heiligtum waren aus Steinen errichtet worden, ging durch meine Gedanken.

Als ich die Mauer emporblickte, sah ich in der Aushöhlung eines Steines einen Vogel sitzen. Es schien, als wäre er dort zur Ruhe gekommen. Ein Vers aus den Psalmen ging mir durch den Kopf, über den ich oft nachgegrübelt hatte: »Der Vogel hat ein Haus gefunden und die Schwalbe ein Nest für ihre Jungen – deine Altäre, Herr Zebaoth, mein König und mein Gott.« (Psalm 84,4)

Da wurde mir bewusst, dass ich alle meine Kinder mit allen Problemen, die sie mir manchmal bereiten, immer wieder zu Gott bringen darf. Das heißt ganz praktisch: Ich soll mich nicht in Sorgen um sie »zersorgen«, sondern sie meinem Gott im Gebet bringen (sie auf den Altar Gottes legen) und ihm vertrauen, dass ER über ihnen wacht.

In der Kirche des Hahnenschreis. Wir wurden in einen Kellerraum geführt. Dort soll es gewesen sein, wo Jesus die Nacht vor seiner Hinrichtung zubrachte. Wie ein Todeshauch wehte es uns entgegen. Niemand sprach in diese Stille hinein, die sich wie ein Grab anfühlte.

In diesem Raum befand sich auch eine Treppe, die weiter in die Tiefe führte. Als wir an jenem Abend zum Austausch über das Tagesgeschehen beisammen saßen, berichtete eine Teilnehmerin: »Ich war noch nie zuvor in Israel und deshalb auch nie zuvor an dem heutigen Platz. Aber als wir den Keller betraten, kam er mir eigenartig bekannt vor. Dann sah ich die Treppe und stieg auch einige Stufen in die Tiefe. Und plötzlich wusste ich es: Jahre zuvor hatte ich einen eindrucksvollen Traum, an den ich mich plötzlich erinnerte: Ich sah genau diesen Ort, den wir heute besuchten! In meinem Traum hatte ich damals laut geweint. Da kam Jesus und hatte mich getröstet und mir zugesagt: Ich bin bei dir und werde dich niemals verlassen. Über diese Zusage freute ich mich, konnte sie aber nicht zuordnen, weil mein Leben gerade in Ordnung schien. Aber jetzt und heute gehe ich durch eine große Not, die mich zu Boden drückt. Ich sehe auch keinen menschlichen Ausweg. Doch durch dieses Erlebnis heute fühle ich mich tief getröstet. Jesus wusste damals schon, was auf mich zukommen würde. Ihm entgleitet nichts. Ich weiß jetzt ganz gewiss: ER ist bei mir, und ER weiß den Weg für mich. Das ist genug!«

Am Gartengrab. In dem Garten mit dem Gartengrab kann man sich sehr gut vorstellen, wohin sie Jesus gelegt haben. Der Höhleneingang steht offen. Man kann hineingehen. Der große, runde Stein, der einst zum Verschließen der Öffnung danebenstand, wurde entwendet. Ja, er wurde gestohlen! Stehlt nur, möchte ich sagen! Denn nun wird er nie wieder das Grab verschließen. Jeder soll es sehen: Das Grab ist leer. Jeshua ist auferstanden!

Ich erinnere mich an mein Examen im Jahre 1968. Eine Vorgesetzte hatte mir übel mitgespielt. Sie konnte nicht ertragen, dass ich von Herzen Christin war, und versuchte mir zu schaden, wo sie nur konnte. Oft packte mich deshalb die Angst vor den Prüfungen. Mein Bruder, der darum wusste, tröstete mich mit dem Vers aus der Bibel, den die Frauen erfuhren, als sie zum Grab gingen. Sie hatten sich zuvor gefragt: »Wer wälzt uns den Stein vor des Grabes Tür?« Als sie hinkamen, war der Stein weggewälzt. Genau diese Erfahrung durfte ich dann bei meinem Examen machen. Gott stand mir auf wunderbare Weise bei!

Ich spreche jetzt auch mit IHM. Bei dieser Reise war Rachel unser jüdischer weiblicher Guide, eine junge, dynamische Frau. Voller Stolz zeigte sie uns ihr Land, machte uns vertraut mit israelischen Gewohnheiten in Religion und Familie, erklärte die Geschichte des Landes und der Orte, die wir besichtigten.

Bevor wir mit unserer Gruppe am Morgen starteten, hielt ich im Bus eine kleine Andacht, und wir beteten und sangen. Zunächst hatte ich den Eindruck, Rachel störte eher unser »frommer« Einstieg. Aber je mehr Tage vergingen, spürte ich ihr Interesse und ihre Nachdenklichkeit am Ende der morgendlichen Andacht. Der letzte Tag unserer Reise ging zu Ende. Mit Rachel, unserer israelischen Begleiterin, saßen wir zum letzten Mal zusammen. Sie wollte mit mir in Verbindung bleiben: »Noch nie hat mich das, was ich in diesen Tagen hörte, so sehr berührt wie das, was ich mit euch erlebt habe«, ließ sie uns wissen.

Ich blieb über lange Zeit mit ihr in Kontakt. Nach einigen Monaten schrieb sie mir: »Hallo, Ruth, ich spreche jetzt auch mit IHM!« Da musste ich einfach aus Dankbarkeit weinen. Sie hatte den Messias gefunden.

Auf nach Rumänien

Ein Brief aus Rumänien erreichte mich: »Ruth, du hast so gute Bücher über das Frausein geschrieben. Die sollten unbedingt auch in Rumänien erscheinen. Dort gibt es kaum Literatur dazu. Du weißt, dass die osteuropäischen Länder mir schon immer am Herzen liegen. Ich möchte so gerne Gottes Liebe weitertragen. Und wie könnte das besser geschehen, als ihnen praktische Lebenshilfe anzubieten in Form von Büchern. Für junge Leute, aber auch für Familien wären deine Bücher genau das Richtige. Wenn du einverstanden bist, lassen wir zwei deiner Bücher übersetzen und drucken. Nun fehlen nur noch die Leute, die das alles sponsern.«

Ich war gerne einverstanden. Und Gott schenkte auch die nötigen Mittel, um das Projekt zu finanzieren.

Zwei Wochen vor der Reise dorthin bekam ich einen Bandscheibenvorfall. Ich hatte einen schweren Bücherkarton in die Höhe genommen und konnte mich danach kaum noch aufrichten. Reizstrom, Massage und Spritzen brachten ein wenig Erleichterung. Das Sitzen und danach wieder Aufstehen konnte ich kaum aushalten. Sollten wir die Reise absagen? Doch je näher der Flug kam, umso weniger Beschwerden hatte ich. Welch einen treuen Gott haben wir doch!

Die Bücher waren leider zu spät gedruckt worden. Trotzdem kamen kurzfristig von mehreren Städten und Dörfern Einladungen. Freunde erwarteten uns am Flughafen in Bukarest und begleiteten uns mit ihrem Auto über 1000 Kilometer zu allen Veranstaltungen. Zunächst waren die Straßen gut ausgebaut. Aber dann fuhren wir weiter durch Schlaglöcher, wurden behindert durch Pferdefuhrwerke, die z. T. unbeleuchtet in der Nacht auf der Straße vor uns auftauchten, mussten anhalten wegen Kühen, Schafen oder Pferden auf der Fahrbahn.

Mich beeindruckte die Schönheit der Landschaft, dazu die vielen Störche, die über ihren Nestern kreisten und den Himmel bevölkerten. Aber diese Idylle konnte nicht über die Armut hinwegtäuschen, die uns auf Schritt und Tritt begegnete. Entbehrung stand vielen Menschen ins Gesicht und auf ihren abgemergelten Körpern geschrieben. Gebeugte, abgearbeitete Leute mit verwitterten Gesichtern zeigten die Folgen eines harten Lebens.

In Sacele sind wir in der Roma-Gemeinde. Die Roma werden vom Rest der Bevölkerung oft verachtet. Als ich in die dicht besetzte Kirche komme, sehe ich eine Mischung von alten und jungen, etwas besser gestellten und sehr ärmlich wirkenden Frauen. Sie begrüßen sich mit »Pace« und umarmen einander. Auch mich beziehen sie in großer Herzlichkeit gleich ein und küssen mich. Bevor sich die Letzten dann in die Bänke setzen, knien sie zum Gebet. Zweieinhalb Stunden soll ich sprechen. Nie habe ich aufmerksamere Zuhörer gehabt. Das leckere Mittagessen wurde gesponsert. Wir wollten den Frauen damit eine kleine Freude machen. Ich hatte gehört, dass viele Frauen um ihrer Kinder willen hungern. Wenigstens heute sollten sich alle satt essen können! Noch weitere zwei Stunden soll ich weiterreden. Sie können gar nicht genug bekommen. Wenn ich davon sage, wie sehr Gott uns liebt und unsere Not sieht, beginnen viele zu weinen.

Bewegt hat mich die Aussage einer Romafrau: »Als du redetest, habe ich Jesus vor dir stehen sehen. Er hat selbst zu uns Frauen gesprochen. Du warst nur sein Mund. Jesus hat mir gesagt, er werde dir noch mehr Weisheit geben. Du sollst Menschen die Hände auflegen, damit sie heil werden.« Jetzt liefen mir die Tränen übers Gesicht. Auf dieser ganzen Reise war genau das mein Gebet gewesen, denn ich hatte viele im Herzen zerbrochene Frauen kennengelernt.

Weiter geht die Fahrt nach Zărneşti. In Zărneşti spreche ich in einer kleinen, armen Baptistengemeinde. Der Gottesdienstraum besteht aus einem Zimmer, in dem einfach gezimmerte Holzbänke stehen. Das junge Pastorenpaar hat keine Ahnung, ob überhaupt jemand kommen würde. Mit einem kleinen Plakat war dazu eingeladen worden.

Zur Freude und zum Erstaunen treffen 20 Menschen ein (die ganze Gemeinde hat nur 35 Mitglieder). Aber es sind nicht nur Jugendliche, sondern auch Mütter dabei. Im Mittelpunkt steht die Erschaffung des Menschen in seiner Unterschiedlichkeit. Ich spreche über Sexualität und Treue und über den Mut, in einer Freundschaft bis zur Ehe mit Sexualität zu warten. Wer gelernt hat, zu warten, übersteht auch spätere Durststrecken in der Ehe. Sexualität ist Gottes Erfindung. Aber wir müssen die Gebrauchsanleitung dazu beachten!

Zwei Stunden spreche ich zu einer hochinteressierten Zuhörerschar.

Ich werde fast angefleht, wiederzukommen. »Das ist

die Botschaft, die unser Land für junge Leute braucht. Oft haben Frauen Abtreibungen hinter sich, bevor sie überhaupt heiraten. Sieben Abtreibungen auf ein Frauenleben sind normal. Und niemand spricht darüber. Das ist ein Tabuthema!«

Das Buch von mir »Liebe kennt eine Grenze« spricht in einem Briefwechsel von Chancen und Grenzen der Freundschaft und von dem Gewinn, bis zur Ehe warten zu können mit sexuellen Handlungen.

Zehn Bücher werden verkauft. Drei überlassen wir dem Pastor zum Ausleihen. Sie werden von den Jugendlichen gleich mitgenommen.

Durch die Karpaten nach Sibiu (Hermannstadt). Man meinte, die Zeit sei hier im letzten Jahrhundert stehen geblieben. Ein Bauer pflügte gerade das Feld mit einer Egge und Pferd, gegen Abend standen Kühe vor Hoftoren und warteten auf Einlass, auf dem offenen Wagen eines Pferdefuhrwerks wurde gerade eine Kuh transportiert …

Nach dieser Fahrt staunte ich umso mehr, als wir in der so gepflegten Stadt Sibiu ankamen. Immer noch sind dort viele Deutsche ansässig. Pastor Kramer hatte über Radio zu den Veranstaltungen in die Brüdergemeinde eingeladen. Es war das erste Mal, dass Frauen der Gemeinde auch Außenstehende willkommen hießen.

Wie viele Leute würden kommen? 10 oder vielleicht sogar 50? Große Spannung herrschte im Raum, als wir die Mikrofonanlage aufbauten.

Über 100 Menschen fanden sich ein! Ich sprach über das Leben Josephs in Verbindung mit unserem eigenen Leben, unsere Herkunftsfamilie, Spannungen, Übervorteilungen, Verletzungen. Und als Folgen davon: Verletzung, Zurücksetzung, Bitterkeit, Neid … »Wie Riesen versuchen diese Dinge unsere Gedanken zu beherrschen und zu blockieren.« Drei Stunden sprach ich, übersetzt von einer jungen Frau. Fragen über Fragen folgten danach. Verletzungen wurden geäußert, Missbrauch, Abtreibung, Gemeinheiten. Tränen flossen. Und ich durfte beten, trösten, umarmen, mitweinen.

Am nächsten Morgen ging es weiter. Viele waren zum zweiten Mal da, andere neu dazugekommen. Dieses Mal redete ich nur etwas über zwei Stunden. Der Strom war ausgefallen. Ohne Mikrofon war das Sprechen ungleich anstrengender. Aber meine Stimme hielt durch und auch die der jungen Studentin, die mich am Morgen übersetzte. Und das Ganze fand am Morgen dazu noch in einem leicht dämmrigen Raum statt, weil auch keine Beleuchtung funktionierte. Immer wieder faszinierend für mich, wie lange und intensiv zugehört wurde.

Über 50 Bücher wurden verkauft! Welche Freude. Nun kommt die Botschaft von Ermutigung und Glaube zusätzlich unter die Menschen, nicht nur bei den Zuhörern.

»Du bist wie eine rumänische Frau. Auch wenn du nicht unsere Sprache sprichst, verstehen wir genau, was du sagst. Die Frauen fühlen sich von dir verstanden. Bitte komm wieder!«

Ich kann nur aus vollem Herzen sagen: Das hat der Herr Jesus getan. IHM sei alle Ehre!

Schließlich sind wir am Kofferpacken zur Heimreise. Am Flughafen heißt es von unseren Freunden Abschied nehmen. Dieses Mal haben wir nur leichtes Gepäck. Die Koffer sind beide fast leer. Einer hat Platz im anderen.

Vielen Menschen durften wir eine Kleinigkeit zum Freuen mitbringen. Aber das größte Geschenk, das wir zu geben hatten, war die Botschaft der Liebe Gottes. Möge sie in den Herzen weiterleuchten und Hoffnung verbreiten, diese beste Botschaft der Welt: dass Jesus gekommen ist, damit wir Leben haben!

Kamerun, meine Liebe

»Und wann kommt Ihr nach Kamerun?« Meine Freundin Karola hatte Besuch mitgebracht. Es war Dr. Emmanuel Njock, der aus Kamerun angereist war. Emmanuel war einer der Studenten gewesen, die Walter Trobisch, ein deutscher Missionar, viele Jahre zuvor in Kamerun unterrichtet hatte. Emmanuel war auch meinem Mann und mir bekannt. Vor Jahren hatte ich ihm bei einer Begegnung anvertraut, dass mein Herz immer noch für Kamerun schlug, obwohl Gott uns inzwischen andere Wege geführt hatte.

Nun saßen wir uns gegenüber. Er erinnerte mich an das Gespräch von damals und fragte ganz konkret: »Ruth, nun sind eure Kinder groß! Jetzt bist du frei zu reisen. Wann kommst du nach Kamerun? Hiermit lade ich dich offiziell ein.« Ich wandte mich meinem Mann zu und schaute ihn fragend an. Fast 20 Jahre zuvor hatte er sich einer schweren Operation unterziehen müssen und konnte keine längeren Reisen mehr unternehmen. Doch er gönnte es mir von Herzen, nach Kamerun zu gehen. Deshalb nickte er mit dem Kopf und äußerte: »Von mir aus steht nichts im Weg.« 48 Jahre waren seit meinem 12. Lebensjahr vergangen. Damals hatte ich den Ruf Gottes gehört, ihm einmal in Kamerun zu dienen. Nun schien dieser Ruf in meinem 60. Lebensjahr Wirklichkeit zu werden! Detlef Hopp, der Sohn einer lieben Bekannten, würde mich begleiten.

Die segensreichen Begegnungen mit den Menschen in Kamerun und die vielen Bewahrungen, die ich in diesem Land erleben durfte, sind in dem Buch »Staunen über Gott« (mediaKern Verlag) ausführlich beschrieben.

Bis heute sind elf Jahre vergangen. Gott öffnete viele Türen. Richard, ein Sohn von Dr. Njock, Richard, erklärte sich zur Mitarbeit bereit. Wir gründeten einen Verein »Frauen helfen Frauen weltweit«. In Makak wurde ein Witwenhaus gebaut. Dort finden Bibeltreffen und Gebet für die Witwen statt. Eine jüngere Witwe sammelt Kinder um sich, singt mit ihnen und erzählt biblische Geschichten. Im Gelände wurden fruchttragende Bäume gepflanzt. Verschiedene Witwengruppen bildeten sich, die sich nun gegenseitig unterstützen.

Außer im französischen Bereich Kameruns wurden wir nun auch in den Nord-Westen eingeladen, der englisch-

sprachig ist. Zwei Schulen konnten mit unserer Hilfe gebaut werden, Kindergarten und Schule werden besucht von Kindern, die wir sponsern. Auch ein großes Witwenhaus entstand, das mit Gottes Hilfe bald seiner Bestimmung übergeben wird, um Witwen Zukunft zu geben durch den Verkauf selbst erstellter Produkte.

Bei einer der Reisen suchte uns ein Pastor aus Gom auf. »Immer wieder ertrinken Kinder bei uns im Fluss, wenn sie ihn überqueren. Wir haben nur eine Lianenbrücke, die für Kinder allerdings genauso gefährlich ist.« – »Es tut mir leid«, antwortete ich ihm, »aber das ist für unseren kleinen Verein wirklich nicht machbar.« – »No problem«, meinte er. »You pray and I pray, and we will see, what God will do.« (Ihr betet und wir beten, und dann werden wir sehen, was Gott tun wird). Dieser Satz ist uns zum Leitspruch geworden.

Vor zwei Jahren war ich dort, um die Brücke einzuweihen. Über tausend Menschen waren dabei, als ich das Band durchschneiden durfte. Inzwischen hat die Brücke schon mehrere heftige Fluten überstanden – und steht. Dank sei Gott.

Nach einer Behandlung im dortigen Krankenhaus zeigte mir der Doc seinen Traum von einem echten Krankenhaus. Er führte mich hinter die kleinen garagenartigen, jetzigen Häuser. Dort sah man ein großes, umgrenztes Feld mit tiefen Gräben. »Das sind die Vorarbeiten für das Fundament eines neuen Krankenhauses«, lächelte er. »Mehr haben wir noch nicht!«

Inzwischen hat Gott wieder unsere Hände gefüllt.

Ein wunderschöner Bau ist hochgezogen. Auch das Dach ist schon fertig. Innenarbeiten haben begonnen.

»*You pray and I pray, and we will see, what God will do.*«

Kreuzfahrten

»Sie werden nie etwas von der Welt sehen«, hatte man mir vorhergesagt. Menschlich war das auch zu erwarten. Aber Gott hat so viel mehr Möglichkeiten, wenn wir unser Leben Seite an Seite mit ihm gehen. So durfte ich an vielen Orten der Welt Gottes Schöpfung bewundern und viele Menschen auf diesen Reisen begleiten.

Ich reiste auf den großen Seen Nordamerikas von Montreal auf dem St. Lorenzstrom durch den Eriesee, Ontariosee, Thirtythousend Ilands bis Chicago. Natürlich stand ich mit offenem Mund an den Niagarafällen und fuhr im Boot »Maid of the mist« bis kurz davor, um die gewaltigen Wassermassen in die Tiefe stürzen zu sehen.

Am Nordcap in Norwegen schaute ich vom Felsen hinab in die Tiefe, und bei der Fahrt über die Barentssee erlebten wir Wale. Weiter ging es bis Spitzbergen mit den Schildern »Beware of bears« (»Vorsicht, Bären«), und wir fuhren in Eisfjorde, wo Seelöwen sich auf Eisschollen sonnten.

Auch auf der Ostsee war ich unterwegs mit Halt in Tallinn in Estland und in der Olaikirche mit ihrer Erweckungsgeschichte.

In St. Petersburg, Russland sah ich beeindruckende Kirchengebäude. Im Inneren sah es bei solch einer Besichtigung aber erschreckend aus. Diese Kirche war zwischenzeitlich als Schwimmbad umgebaut gewesen. Auf dem ehemaligen Becken hatte man Bretter gelegt, um sie heute wieder als Kirche zu benutzen. Mit einem kleinen Schiff fuhren wir bei Nacht auf der Neva und genossen die Freundlichkeit der Einheimischen. Viele unserer Schiffsgäste zog es in die Eremitage, wo Rembrandts Bild des »verlorenen Sohnes« zu sehen ist.

Auch Helsinki in Finnland beeindruckte mich mit der großen, prunkvollen Kirche in der Nähe der Schiffsanlegestelle, ebenso die Felsenkirche.

In Schweden konnten wir in Oslo die ›Wasa‹ bestaunen, das Schiff, das es nur bis zur ersten Kurve auf See schaffte, bevor es sank.

Westeuropa
Die tiefste Stelle im Meer auf dieser Reise: Golf von Biskaya. Aufregend! Zusammen mit zwei unserer Kinder wurde ich zu einer Kreuzfahrt mit »hand in hand tours« eingeladen. Mein Part dabei war, für Ehepaare, aber auch für Ledige Vorträge zum Thema »Kommunikation« zu halten. Ich mag es, über dieses Thema zu referieren, aber ich freute mich auch darauf, Teile der Welt zu sehen, die ich nur vom Namen her und von Ansichtskarten kannte.

Westeuropa stand auf dem Programm. Das erste Mal im Leben sah ich in Paris die Notre Dame, diese wunderschöne Kathedrale, die leider inzwischen eine Beute der Flammen wurde. Staunend stand ich im Inneren und bewunderte die Baukunst alter Meister, denen Kran und Baumaschinen fehlten, und die dennoch solche Werke schufen.

Das war erst der Anfang der Reise. Weiter ging es

zum Mont Saint Michel, diesem traumhaften, fast gespenstisch wirkenden Kloster, das auf einem Berg liegt und zeitweise ganz vom Meer umspült ist. Sonnenuntergänge, mit Trompetenmusik auf Deck untermalt, blau schimmerndes Wasser und Klavierabende mit Waldemar Grab verzauberten die Abende.

Am nächsten Tag kam als Bekanntgabe über das Bordmikrofon eine Info vom Kapitän: »In den nächsten Stunden kommen wir zum tiefsten Punkt des Meeres auf unserer Reise, dem Golf von Biskaya.« Weitere Angaben folgten.

Am Nachmittag hatte ich einen meiner Vorträge zu halten. Ich sprach darüber, wie Altlasten unseres Lebens uns beschweren. Sie sind wie Rucksäcke, die unentwegt wie angewachsen auf unserem Rücken sitzen. Der Inhalt fühlt sich an wie schwere Kieselsteine. Sie haben sogar Namen: Da gibt es Erinnerungen an alte und neue Verletzungen, Sorgen, Ungerechtigkeiten, Enttäuschung von lieben Menschen, Verleumdungen und vieles mehr. Drückend ist aber auch Schuld, die sich wie ein Schatten auf die Seele legt und uns ständig an den Ort unseres Versagens zurückholt.

Als Jesus Christus am Kreuz starb, forderte das von ihm das Äußerste. Er bat sogar seinen Vater um einen Weg, damit ihm das erspart bliebe. Doch es war die einzige Möglichkeit, um die Vergebung unserer menschlichen Schuld für uns zu erlangen. So trug Jesus unsere Schuld und ging freiwillig in den Tod für uns, damit wir ewiges Leben bei Gott haben sollen. Seine Liebe war so groß, dass er denen, die ihm ihr Leben anvertrauen, nicht nur vergibt, sondern auch immer für sie da sein will in Freude und im Leid.

»Und nun ist es an Ihnen«, fuhr ich fort, »Ihren Rucksack weiter zu schleppen oder die Gelegenheit wahrzunehmen und ihn bildlich an der tiefsten Stelle unserer Reise ins Meer zu versenken.« In Micha 7,19 heißt es: »Er wird sich unser wieder erbarmen, unsere Schuld unter seine Füße treten und alle unsere Sünden in die Tiefen des Meeres werfen.«

Und, wie es Corrie ten Boom so treffend ausdrückt: »An der Stelle der Versenkung der Schuld befindet sich eine Boje, auf der steht: Fischen verboten!«

Santiago de Compostela. Da hängt eine Muschel mit aufgemaltem roten Kreuz an meiner Wand. Und wenn ich sie anschaue, steigen immer wieder Erinnerungen hoch. Wie wunderbar hat unser Gott unser Gehirn konzipiert, dass Altes uns inspirieren kann, um neue Freude zu erleben.

Wunderbar, diese Kreuzfahrt! So viele Eindrücke von Gottes schöner Welt! Nun hatte unser Schiff in Portugal angelegt, um diese schöne Kirche in Santiago de Compostella zu besichtigen.

Hier soll, Berichten nach, einst der Apostel Jakobus an Land gegangen sein. Obwohl es nur ein vergleichsweise kurzer Besuch war, blieb er doch lange in meinem Gedächtnis haften.

Wie bei solchen Besichtigungstouren üblich, hatten wir einen Guide, der uns eindrücklich die Geschichte der Kirche erklärte und veranschaulichte. Die besondere Atmosphäre dieses Ortes berührte mich. Ich hatte solch ein Bedürfnis, Gott zu loben und ihm die Ehre zu geben. Und wie hätte das besser geschehen können, als in dem Choral: »Großer Gott, wir loben dich!« Dieses Lied entstand nach einem uralten Bittgesang aus der Zeit der ersten Märtyrer. Angeblich war dieser schon in den Arenen gesungen worden, in denen Männer und Frauen wegen ihres Glaubens an Jesus von den Löwen zerrissen worden waren. Menschen hatten um Jesu Willen ihre Zeit, ihre Kraft und ihr Leben aufgegeben, um Gottes Botschaft auszubreiten. Ich dachte darüber nach, wie viele Stürme und lebensbedrohliche Situationen es bei den Aposteln gegeben hatte, um dorthin zu kommen, wohin Gott sie geschickt hatte – ganz anders als auf unserem Luxusschiff! Wir hatten wirklich allen Grund, Gott zu loben! So fragte ich unseren Guide, ob ich ein Lied anstimmen dürfe. »Leider ist das nicht erlaubt«, ließ er mich wissen. »Da sind so viele Menschengruppen mit so vielen unterschiedlichen Sprachen hier. Und wir wollen niemanden stören durch das Singen. Wenn ich es jetzt zulasse, werde ich später Probleme haben«, fügte er noch hinzu.

»Bitte verabschieden Sie sich doch bitte für kurze Zeit von uns und gehen nach draußen«, bat ich ihn, »dann sind Sie unschuldig!« So geschah es. Ich stimmte das Lied an. Unsere Gruppe sang voller Freude. Aber nicht nur wir. Nach und nach fingen viele andere Menschen an, in die Melodie einzustimmen. In vielen Sprachen wurden wir nun eine Stimme, die Gott damit anbetete. Gefühlt war das schon wie ein Stück Himmel. Großer Gott, wir loben dich!

Es gab viele weitere Stationen: Bei Gibraltar machten wir Halt in Tanger, Marokko. Dort bot mir ein Händler zehn Kamele für meine blonde Tochter an! Aber was sollte ich mit zehn Kamelen?

Wir staunten über die baulichen Meisterwerke der Alhambra.

Auf Ibiza entwendete ein Dieb unsere Kamera, brachte sie aber – auf unser lautes Schreien hin nach der Polizei – sofort wieder zurück.

In Barcelona staunten wir über die vielen Werke Dalís an Gebäuden und Kirchen …

Zu all diesen Schiffserlebnissen habe ich mir Bemerkenswertes aufgeschrieben. Aber was mich immer noch mehr berührte, waren die Schicksale, die Menschen auf dem Schiff mitbrachten, ihre ganz persönlichen Lebensnöte. Wenn ich an diesen Punkten Einzelnen helfen konnte, war das neben allem Schönen, was wir sahen, meine größte Freude.

Mittelmeer

Begegnungen und Eindrücke auf einer Mittelmeerreise. Von »hand in hand tours« wurde ich eingeladen, als Referentin an einer Mittelmeerkreuzfahrt teilzunehmen. Es war bereichernd, so viele Wunder Gottes zu bestaunen. Am meisten aber freute ich mich, an Orten zu sein, die der Apostel Paulus vor fast 2000 Jahren betreten hatte. Auf Malta wurde vor Jahren ein Anker geborgen, der offensichtlich schon sehr, sehr lange dort lag. Ob es der Rest des Schiffes war, das Paulus einst bestiegen hatte, um nach Rom zum Kaiser gebracht zu werden? Durch wie viel Elend hatte er Gott die Treue gehalten: im Gefängnis und bei Schlägen, bei der Steinigung, an Hunger und Entbehrung. Hätte Gott ihm da nicht eine ruhige Segeltour nach Rom bereiten können? Doch, er hätte. Aber da waren Menschen auf der Insel, die Gott auch am Herzen lagen!

Ja, wir sind Gott wichtig. Doch ebenso hat er die Anderen im Blick. Und für sie sollen wir Boten sein!

Zum ersten Mal war ich bei dieser Reise in Rom, ebenso stand ich zum ersten Mal an einem der vielen Krater des Vulkans Ätna auf Sizilien, staunte über die riesenhaften Cheops-Pyramiden in Ägypten, – saß auf einem Kamel, von dem ich fast heruntergefallen wäre, weil ich mir nicht bewusst gemacht hatte, dass Kamele zuerst ihre Hinterbeine erheben, wenn sie aufstehen, – feierte den Sonntagsgottesdienst mit der Schiffsgruppe am See Genezareth. Erstaunlich auch, wie unser Riesenschiff von einem kleinen Boot durch den Kanal von Korinth gezogen wurde, mitten durch Zig-Meter hohe Felswände …

Ich könnte ein Buch füllen mit all diesen Erlebnissen. Doch folgende überlieferte Begebenheit berührte mich besonders. Es war auf Zypern …

Zypern – Staub stiehlt Staub. Inzwischen hatten wir auf Zypern angelegt. Auch dort hatte man Paulus nicht liebevoll behandelt. Mit 40 weniger 1 Schlag hatte man ihn ausgepeitscht. In meinem Inneren sah ich die Soldaten voller Wucht auf seinen Rücken einschlagen. Schmerz und Schrecken durchfuhr mich. Würde ich durchhalten, wenn mir dies geschähe? Würde ich am Glauben festhalten? Berührende Begegnungen! Ja, tief berührend, was Menschen aus Liebe zu Jesus ausgehalten haben!

Noch etwas anderes ist mir von Zypern in Erinnerung geblieben: Auf Zypern soll auch Lazarus gelebt haben, nachdem Jesus ihn aus dem Grab zum Leben herausgerufen hatte. Der Fremdenführer erzählte uns, was man durch die Generationen hindurch weitergegeben hatte:

Lazarus war nach seiner Auferweckung als Bischof nach Zypern gerufen worden. Nie wieder war auf seinem Gesicht ein Lächeln zu sehen. Man erklärte es damit, dass er schon die himmlische Herrlichkeit gesehen hatte und eigentlich nicht mehr zur Erde zurückkehren wollte. Doch ein einziges Mal hatte ihn dann doch jemand beim Lächeln erblickt: Lazarus beobachtete einen Dieb, der im Begriff war, ein kostbares Gefäß zu entwenden. Lächelnd und kopfschüttelnd soll er dabei geäußert haben: »Staub stiehlt Staub.«

Unterwegs zu Talk-Shows

Einladungen und Begegnungen. Irgendwann wurde ich vom Fernsehen entdeckt. Danach durfte ich bei 20 Talkshows zu den unterschiedlichsten Themen mitwirken.

Am Morgen nach der jeweiligen Sendung sprachen mich die Menschen im Bäckerladen unseres Ortes oft begeistert an: »Frau Heil, ich hab Sie im Fernsehen gesehen!«

Ich kenne den Chef persönlich. Eigentlich war ich froh, dass ich so gründlich kontrolliert wurde. Aber lästig war es trotzdem, wie man behandelt wurde, bevor man das Flugzeug besteigen konnte. Es fühlte sich immer ein wenig so an, als wäre man ein Verbrecher, den man fassen musste. Aber natürlich war ich auch froh, dass diese Sicherheitsvorkehrungen bestanden. Ich suchte meinen Platz und fand ihn auch. Ein junger Mann setzte sich kurz danach neben mich. Er grüßte freundlich. Schnell kamen wir ins Gespräch und fragten einander nach dem Grund unserer Reise. »Ich bin unterwegs zu einer Talkshow«, antwortete ich. Er wollte gerne noch mehr darüber wissen, was ich für eine Position vertreten würde. Als ich ihm sagte, dass es wohl heiß hergehen werde bei dem Thema »Treue in der Ehe«, meinte er gelassen: »Haben Sie auch Ihren Engel dabei?« Ich reagierte freudig erstaunt, denn ich meinte, einen gläubigen Menschen neben mir zu haben: »Ja, denn Gottes Engel halten sich dort auf, wo Menschen den lebendigen Gott ehren!« – »Hm«, meinte er. »Ich habe auch meinen Engel dabei, und ich kenne auch seinen Namen«, und nach einer Pause: »Wie heißt denn Ihr Engel?« – »Ach, wissen Sie«, schmunzelte ich, »ich kenne den Chef persönlich. Heute Morgen habe ich schon mit ihm gesprochen. Eigentlich bin ich ständig mit ihm in Kontakt. Das mit den Dienstboten regelt er für mich.«

Danach kamen wir in ein tiefes Gespräch über diese Lichtboten. Aber ich sagte ihm auch von dem Widersacher Gottes, der sich gerne in eine Lichtgestalt verkleidet, um uns auf falsche Wege zu locken. »Und wie können wir unterscheiden, wessen Bote ein Engel ist?«, wollte er wissen. »Gottes Engel weisen immer auf Jesus Christus hin. Sie erlauben uns nicht, sie anzubeten. In den zehn Geboten heißt es: Du sollst Gott allein anbeten und ihm dienen. Wir können Jesus Christus in unser Leben einladen und ihm die Herrschaft übergeben. Dann können wir sicher sein, dass die Engel, die uns begleiten, Boten von IHM sind.« Ich sprach von dem Gott, der seinen Sohn Jesus zu uns gesandt hat, damit wir frei werden von der Macht der Finsternis, die sich manchmal mit Licht verstellt, und von Schuld, die uns an die Finsternis bindet.

Ob mein Gegenüber wirklich verstanden hat, was ich ihm erklärte? Wie sehr wünsche ich, dass er verstehen konnte, was ich zu erklären versuchte.

Und wie sehr wünsche ich mir, dass auch Sie, die dieses Buch lesen, den Chef persönlich kennenlernen!

Talkshow mit Jörg Pilawa. Thema: Treue oder Fremdgehen? – Der Mann auf dem Meer

Zum wiederholten Male war ich zu einer Talkshow bei Jörg Pilawa eingeladen. Das Thema hieß »Treue oder Fremdgehen?« Die beiden Parteien saßen im Vorfeld der Show – wie immer – in getrennten Zimmern. Man wollte wohl nicht, dass die »Kampfhähne« sich schon vorher die Köpfe zerhackten – oder gar zur Einigung fanden?

Mein härtester Gegner war ein Mann in den Fünfzigern. Er behandelte mich mit solch unflätigen, unverschämten Behauptungen, dass sogar das Publikum sauer auf ihn reagierte. Großprotzig gab er an, wie er mit Geschick Frauen anbaggerte und gleichzeitig der derzeitigen Geliebten die Treue versprach. Es gelang mir innerlich nicht, ihm die Würde zuzugestehen, dass auch er ein von Gott gewollter, geliebter Mensch war.

Bei den Nachfragen im Publikum äußerte eine Frau, indem sie sich diesem Mann zuwandte, laut und wütend: »Solch einen Straßenfeger wie Sie würde ich nicht einmal anschauen!« Das löste allgemeines Gelächter aus. Ich war jedenfalls erleichtert, als die Sendezeit zu Ende war.

Auf alle angereisten Talkgäste wartete danach ein Kleinbus, der uns ins Hotel bringen sollte. Ich stieg als Letzte ein und kam ausgerechnet neben diesem Mann zu sitzen, Knie an Knie. Zunächst sagte keiner von uns ein Wort. Gott erinnerte mich daran, dass er jeden Menschen liebevoll geschaffen hat und auch diesen

Mann liebt. Ich spürte im Inneren einen Auftrag von Gott, ihn anzusprechen. Aber wie? Gut, dass Gott Impulse gibt, wenn wir reden sollen.

»Waren Sie schon einmal in Todesgefahr, ich meine: Sind Sie dem Tod mal von der Schippe gesprungen?« Schweigen. Sollte ich weiterreden oder ihn nicht mehr bedrängen?

Doch dann kam seine Antwort: »Ja, absolut! Es ist eine ganze Weile her. Aber ich erinnere mich noch genau daran. Ich war mit einer Gruppe von Jetskifahrern an der Nordsee. Wir hatten jede Menge Spaß. An einem der Nachmittage fuhren wir hinaus auf die See. Es war ein sonniger Nachmittag, als plötzlich Wolken aufzogen, aber es sah nicht bedrohlich aus. Ich, als alter Hase, war den anderen immer ein Stück voraus. Bei einer größeren Welle legte sich mein Fahrzeug um. Es gelang mir nicht, es wieder aufzurichten. Die anderen waren nicht sehr weit von mir entfernt. Aber sie hörten meine Rufe nicht. ›Irgendwann werden sie es hoffentlich bemerken, dass ich fehle‹, dachte ich nur. Zum Glück schwimmen diese Fahrzeuge. So legte ich mich darauf und ließ mich treiben. Ich sah, wie sich meine Freunde immer weiter von mir entfernten. Schließlich erfasste mich Panik. ›O Gott‹, betete ich, ›bitte hilf mir!‹ Ich glaube, es war das erste Mal, dass ich versuchte zu beten. – Meine Freunde waren inzwischen am Strand angekommen. Erst dort bemerkten sie mein Fehlen. Wann hatten sie mich verloren und wo? Der Seerettungsdienst wurde informiert. Ein Hubschrauber startete. Aber die Nordsee ist groß.

Viele Stunden dauerte die Suche. Inzwischen trieb ich auf dem Wasser und gab mit der Zeit alle Hoffnung auf. Als ich endlich gefunden wurde, sah meine Haut aus wie Wäsche in der Waschmaschine nach dem Schleudergang. Tja, das ist meine Geschichte.«

Aufmerksam hatten auch die anderen im Auto zugehört. Ein großes Schweigen folgte. Schließlich fragte ich ihn: »Gott hat offensichtlich Ihr Gebet erhört. Haben Sie ihm dafür gedankt?« – »Darüber habe ich noch nicht nachgedacht«, meinte er leise.

Später im Hotel schlossen sich gute Gespräche an. Ich bete, dass unser Gott, der jeden Menschen so sehr liebt, auch das Herz dieses Mannes erreicht.

»Nachtcafé« mit Wieland Backes. Thema: Gesellschaft ohne Scham und Stil

Der Fernsehmoderator Wieland Backes lud mich zur Sendung »Nachtcafé« zu dem Thema »Gesellschaft ohne Scham und Stil« ein. Nachdem ich ein Vorgespräch hatte, wollte ich wieder absagen. Ich fühlte mich nicht geeignet für dieses Thema. Doch dann rief er mich nochmals persönlich an und bat mich, zu kommen.

So war ich unterwegs nach Ludwigsburg ins Schloss, wo die Aufnahmen stattfinden sollten. Die Sendung begann mit einer Modenschau, die über die Grenzen guten Geschmacks ging. Danach stellte sich ein Mister Bierbauch zur Schau. Eine junge Frau zeigte voller Stolz ihre tätowierten Arme. Sie gab an, über 40 Piercings am Körper zu tragen, von denen sie mehrere vorführte.

Als ich zur Toilette ging, fand ich sie gerade vor dem Spiegel, wie sie das Piercing in ihrer Zunge reinigte. Ihr Kopf war kahl geschoren. Mich ergriff ein tiefer Schmerz darüber, wie eine junge Frau dieses Bild, das Gott auch in sie gelegt hatte, so sehr entwerten konnte. Aber noch weitere Gäste stellten sich vor, u. a. ein Horrorfilmemacher, der seine Filme als Kunst bezeichnet. Beim Ausschnitt eines seiner Filme, die gezeigt wurden, wurde mir schlecht. Als Krönung trat noch der Autor einer Satirezeitschrift auf. Eines seiner Bilder zeigte das Kreuz Jesu. Die Hände Jesu waren als Halter für Toilettenpapier gedacht. Es schmerzte mich, wie Menschen meinen Jesus, den ich liebe, verhöhnen. Ich konnte nicht anders, als mich dazu zu äußern: »An dieser Stelle haben Sie, ohne es zu wissen, dargestellt, was Jesus für uns tat. Er trug den ganzen Scheiß der Welt, auch meinen!« Das war sicher nicht vornehm ausgedrückt, aber es war sicher so formuliert, dass es von ihm verstanden wurde. Man gab mir Zeit, eine weitere »Predigt« zu halten, die von der Zuhörerschaft life angehört wurde, in der späteren Sendung aber gekürzt war.

»Reden Sie ruhig«, hatte mich Wieland Backes vorher noch ermutigt. »Ich werde Ihnen Zeit dazu geben.« Und das geschah wirklich.

Nach der Sendung kam ein Kameramann auf mich zu und ließ mich wissen, wie sehr er sich über mein Zeugnis gefreut habe. Er sei auch Christ. Und einer der Moderatoren sprach mich an und bedankte sich.

Im anschließenden persönlichen Treffen mit Wieland

Backes und den Teilnehmern kam es noch zu einigen sehr guten Gesprächen. Voller Dankbarkeit darüber, dass ich von meinem großen Gott reden durfte, fuhren wir gegen 3 Uhr nachts wieder in Fischbach ein.

Im Januar wurde die Sendung noch drei Mal ausgestrahlt. Viele gute Zuschauerreaktionen gingen ein, direkt zu mir, aber auch über den Sender. Auch Christen meldeten sich. Zum Teil hatten sie nur zufällig »Nachtcafé« eingeschaltet. Sie begannen für mich zu beten. So hatte Gott auch ihre Gebete erhört.

»Ohne Wenn und Amen« – Talk in Hamburg. Thema: Ehe – kaputt oder heilig?

Ich bin seit 8 Uhr am Morgen unterwegs. Zunächst 70 km nach Neustadt zum Bahnhof. Und von dort mit dem Zug nach Hamburg. Christa Meves hat mich für diese Sendung vom NDR vorgeschlagen. Sie wird vom evangelischen und katholischen Rundfunkreferat der norddeutschen Kirchen gestaltet. Das Thema heißt: Ehe – kaputt oder heilig?

Ich staune nicht schlecht, wem ich da gegenüberstehe und wer dann alles zu Wort kommt.

Da ist ein Unternehmen, das Seitensprünge vermittelt. Es ist davon überzeugt, dass dadurch neuer Pepp in die eigene Ehe getragen wird!

Ein Pastor freut sich besonders darüber, wenn er homosexuelle oder lesbische Paare segnen darf.

Da ist eine Frau, die in dritter Ehe mit all den Kindern ihrer vorangegangenen Partner zusammenlebt.

Der jetzige Ehemann hat auch seine Kinder aus der letzten Ehe mitgebracht. Diese Frau berichtet, dass ihr Zusammenleben keinerlei Konflikte mit sich bringe und äußerst harmonisch sei!?

Und dazwischen stehe ich, altmodisch, traditionell, fromm, immer mit demselben Mann verheiratet, gerne Mutter von elf Kindern! Ja, Gott ist eben nicht modern, aber er ist auch nicht altmodisch, sondern er ist ewig. Und seine Gesetze hat er uns zum Schutz gegeben, nicht, um uns Freude vorzuenthalten, sondern in Ehe von Mann und Frau Geborgenheit der Familie zu schenken. Das vertrete ich und dazu stehe ich. Ich werde heftig angegriffen. Es geht hoch her. Ich bin froh, dass Ulrike, eine liebe Bekannte, mich begleitet und betend unter den Zuhörern sitzt. Wie gut, Jesus an meiner Seite zu haben. Ich denke an den Reichskanzler Bismarck, der gesagt haben soll: »Ein Mann mit Gott ist die Mehrheit.« Ich denke auch an das Lied von Manfred Siebald, wo er singt: »Ich fürchte fast, dass das nicht wichtig ist, ob uns das passt, was bei Gott wichtig ist, und ob mit uns noch viele andre lieber tun, was ihm missfällt. Ich glaube nicht, dass die Menge zählt.«

Mit dem Pfarrer komme ich nach der Sendung, zusammen mit Ulrike, in ein intensives Gespräch. Doch schließlich verlässt er uns fluchtartig.

Am nächsten Morgen bin ich auf dem Heimweg. Im Abteil sitze ich jungen Menschen gegenüber. Mit ihnen führe ich intensive Gespräche über Gott, über Ehe, über Sexualität und auch über den Sinn des Wartens mit Sexualität innerhalb einer Freundschaft. Wir diskutieren mehrere Stunden von Hamburg bis Mannheim. Schließlich haben wir das halbe Abteil als Zuhörer, die sich z. T. auch an den Gesprächen beteiligen. Als ich in Mannheim nach vielen Stunden Fahrt aussteige, bin ich heiser vom Sprechen. Die jungen Leute winken mir zum Abschied. Ich bitte Gott darum, dass diese Gespräche Früchte zeigen werden.

Ich sage Ja zu dir!

Du,
wie glücklich war ich damals, als wir heirateten.
Mit einer tiefen Freude war mein Herz erfüllt,
ein ganzes Leben an Deiner Seite zu verbringen.
Ich konnte es kaum abwarten, mit Dir zu leben,
jeden Tag neben Dir aufwachen zu dürfen.
Damals wollte ich Dich auf Händen tragen,
alles für Dich tun.

Aber inzwischen sind Wochen, Monate, Jahre vergangen.
Immer mehr Enttäuschungen folgten.
Verletzung häufte sich auf Verletzung, Traurigkeit auf Traurigkeit.
Manchmal meinte ich, Dich nicht mehr lieben zu können.
Ich war so verwirrt von Deinem Handeln und Reden.
Es hat so weh getan.

Aber sicher habe ich auch Dich verletzt,
manchmal bewusst und sicher oft, ohne dass ich es wusste und merkte,
Dir wehgetan durch meine Worte und Reaktionen.
Wie oft warst Du von mir enttäuscht, traurig über mich.

Du, ich möchte Dich von Herzen bitten:
Vergib mir alles, womit ich Dich betrübt habe! Es tut mir von Herzen leid,
Vergib mir, wo ich Deine Gefühle nicht ernst genommen habe,
verzeih mir, wo mir andere Dinge wichtiger waren als Du.

Und auch ich will Dir vergeben. Ich will meine Bitterkeit aufgeben und dafür
zulassen, dass Gott an mir arbeitet.

Ich nehme Dich heute neu als meinen Ehepartner an. Ich sage Ja zu Dir.
Lass uns mit Gottes Hilfe Schritte aufeinander zugehen.
Ich liebe Dich!

Ruth Heil

Vorträge, Gespräche, Gedanken

Vortrag
Königin Esther persönlich
Das Telefon läutete. An der Stimme erkannte ich sofort: Es ist Gertrud.

»Und, was hast du für ein Anliegen?«, wollte ich wissen.

»Du, ein großer Frauentag steht vor uns. Wir erwarten mehr als 1000 Menschen, und da dachten wir an dich als Referentin.«

»Wenn der Termin bei mir noch frei ist, komm ich liebend gerne zu euch! Ihr seid für mich wie ein Zuhause«, erwiderte ich.

»Was für ein neues Thema hast du?«, fragte sie.

»Zur Zeit beschäftigen mich Tränen. Wozu hat Gott sie geschaffen? Für was sind sie gut?«

Sie unterbrach mich: »Das passt nicht. Wir feiern ein Jubiläum. Da brauchen wir jetzt nicht unbedingt Tränen, höchstens Freudentränen!«

»Okay! Was lieben schon kleine Mädchen?«, fragte ich lachend, und dann fuhr ich fort: »Natürlich, Geschichten über Königinnen! Das kannst du auch haben! Ich könnte über das Buch Esther sprechen, darüber, wie eine unbedeutende Ausländerin ein ganzes Volk rettete.«

»Das klingt gut«, meinte Gertrud.

»Ich werde dazu noch ein Anspiel schreiben, dann werden wir die Krönung zelebrieren und dabei sein, wenn der König seine Braut krönt. Denn genau das will

Jesus auch uns schenken. Er möchte, dass wir begreifen, wie wertvoll wir ihm sind und als seine Braut zu IHM gehören und IHM dienen«, schlug ich vor. »Ich werde eine Urkunde entwerfen, die dann zum Schluss jeder Frau durch königliche Diener überreicht werden wird.«

»Super!«, meinte Gertrud. »Und ich werde dafür sorgen, dass an jeder Stuhllehne eine goldene Papierkrone angebracht sein wird!«

»Zum Schluss müssten dann noch lauter Herzluftballons von der Decke herab auf die Frauen heruntersegeln!«, schlug ich vor.

Schließlich war der große Tag gekommen. 1400 Frauen strömten in die Halle. In großen Netzen sah man Hunderte roter Herzballons an der Decke hängen. Der geschmückte Saal mit den gekrönten Stühlen wirkte echt königlich. Wundervoller Lobpreis für den König bereitete uns alle vor auf das große Ereignis. Kleider aus dem Theater waren der Hit. Die Diener hatten Pumphosen aus Samt an. König und Königin wurden von einem jungen Paar gespielt, das kurz zuvor geheiratet hatte. Der König war von rotem Samt umgeben, die Braut strahlte im wallenden weißen Kleid …

Und schließlich die Krönung! Da blieb fast kein Auge trocken, obwohl alles nur ein Spiel war.

Es lohnt sich, die Geschichte in der Bibel nochmals nachzulesen. Sie lässt erahnen, wie Gott leise SEINE Fäden spinnt und trotz allem Schweren zum Schluss den Sieg davonträgt. Sie passt zu Römer 8, Vers 28, dass denen, die Gott lieben, alle Dinge zum Besten dienen werden.

Strahlende Königinnen zogen am späten Nachmittag mit ihren Krönungsurkunden nach Hause. »Der König geht mit euch und wird für euch da sein, wann immer ihr seine Nähe sucht. Nehmt täglich die Krone und macht euch bewusst, dass ihr seine Töchter seid«, gab ich den Frauen mit auf den Weg.

Gespräche
Und er hat doch ein Herz – Das Gerüst
Durch unsere Ehetherapien begegnen wir vielen Paaren mit Problemen. Ich bin immer wieder erstaunt, wie wenig die unterschiedlichen Denkweisen von Mann und Frau bekannt sind. Wir lernen in der Schule Rechtschreibung, üben das Einmaleins und tausend andere Dinge, die wichtig zu sein scheinen. Aber wir wissen kaum, wie man mit Unterschiedlichkeit umgeht, wie man Konflikte bewältigen kann oder auch, wie bedeutend Vergebung ist.

Viele Paare sind nach einigen Jahren mit ihrer Ehe am Ende, weil sie sich vom Partner nicht verstanden fühlen, weil Kommunikation nicht gelingt, weil Erwartungen ins Leere laufen. Man kann nicht mehr zuhören, weil man meint, schon zu wissen, was der Andere sagen will. Man hört zu, um zu argumentieren und legt sich, während der Andere redet, schon die Antworten zurecht. Häufig sieht man aus seinen Antworten bestätigt, was man ohnehin schon vorher wusste. Aber weiß man es wirklich?

Ich gebe dem folgenden Ehepaar den fiktiven Namen »Meier«. Nach einer kurzen Vorstellung frage ich nach dem Grund ihres Kommens. Aufgebracht fängt die Frau an, die Situation darzustellen: »Mein Mann und ich sind seit über 47 Jahren verheiratet. Vieles ist nicht mehr, wie es einmal war. Markus, mein Mann, ist im Laufe der Jahre immer weniger mitteilsam geworden. Er war noch nie der große Redner, der alles durchsprechen wollte. Doch in der letzten Zeit fragte ich mich, ob er überhaupt noch irgendetwas für mich empfindet. Er lässt sich nichts zuschulden kommen, nein, das sicher nicht. Aber ich würde gerne wissen, ob er überhaupt ein Herz hat, ob er fühlen kann oder auch, ob er mitfühlen kann, ob ihn interessiert, was mich bewegt. Nun haben wir momentan eine große Familientragödie. Unsere Tochter ist seit zwei Jahren verheiratet. Eigentlich waren die beiden sehr glücklich. Doch seit sie vor einem Jahr mit dem Hausbau begonnen haben, streiten sie viel. Das spitzte sich nun immer mehr zu. Und vor wenigen Wochen sagte sie mir ganz offen: ›Mama, wir lassen uns scheiden.‹« Während die Frau die Situation schilderte, fing sie an zu schluchzen, beruhigte sich aber wieder und fuhr fort. »Ich war völlig fertig. Mir zog es den Boden unter den Füßen weg. Sie müssen verstehen, es ist unser einziges Kind! Ich konnte es kaum abwarten, bis mein Mann nach der Arbeit nach Hause kam. Er hängt sehr an unserer Tochter und sorgt sich immer um sie, hat beim Hausbau mitgeholfen, so gut er konnte. Ich fragte mich: Wie würde er reagieren? Würde er unter der Last zusammenbrechen? Es kam in mir der Gedanke auf: Sicher würde er mitleiden! Und dann wüsste ich, dass doch ein liebendes Herz in ihm schlägt, auch wenn ich das schon lange nicht mehr gespürt hatte. Und so fragte ich ihn: ›Was können wir nur tun?‹«

Die Frau unterdrückte wieder ein Schluchzen. Doch dann brach es laut weinend aus ihr heraus: »Frau Heil, wissen Sie, was er geantwortet hat?« Sie wiederholte das ein zweites Mal unter fassungslosem Weinen. Ich wusste es natürlich nicht. Schließlich brach es aus ihr wie ein Vulkan heraus: »Er sagte: ›Da muss ich aber zuschauen, dass ich rechtzeitig das Gerüst vom Bau wieder zu uns nach Hause hole. Das Gerüst gehört ja mir!‹«

Als sich die Frau einigermaßen beruhigt hatte, meldete sich der Mann zu Wort. »Frau Heil«, meinte er ganz ruhig, »die Sache mit der Scheidung hat mich tief erschüttert. Ich spürte den ganzen Schmerz, durch den unsere Tochter da gegangen sein muss. Schließlich hab ich ja kein Herz aus Stein.« Und nach einer Pause fuhr er fort: »Sie müssen das verstehen. Ich kann ja nicht die Ehe meiner Tochter retten, so sehr ich das auch wünschte. Aber ...«, und er machte wieder eine Pause, »das Gerüst kann ich retten.«

So ist das also mit Gefühl und Gerüst.

Wann werden wir beginnen, im Gerüst das Herz des Anderen zu entdecken und in dem Herzen die Tränen, die getrocknet werden wollen?

Gönnt Gott mir nicht das kleine Glück?
Haben Sie auch manchmal den Wunsch, auswärts essen zu gehen? Wir hatten in unserer Kirchengemeinde eine schwierige Zeit. Mehrere Gottesdienste mussten wegen Krankheit ausfallen. Es fehlte mir einfach, wieder einmal einer »deftigen« Predigt zuhören zu können.

So machte ich mich an diesem Sonntag auf den Weg Richtung Karlsruhe in eine Gemeinde, in der ich schon selbst Vorträge gehalten hatte. Ich ging bewusst erst kurz vor Beginn hinein, denn ich wollte einfach nur zuhören, ohne irgendeine Verpflichtung zu haben oder ein Gespräch zu führen.

Wie gut tat es, Worte der Ermutigung zu hören. Ich spürte, wie meine Seele aufatmete.

Als der Segen gesprochen worden war, wollte ich mich auch ganz schnell »aus dem Staub machen«. Aber schon hatte mich eine Bekannte entdeckt, lief mir nach und hielt mich fest.

»Ruth, Gott sei Dank, dass du da bist. Dich hat der Himmel geschickt! Ich muss unbedingt mit dir reden!« – »Du weißt, dass ich heute nur als Gast hier bin. Ich kann nicht einfach Gespräche mit dir führen. Ich werde darum bitten, dass man uns einen Raum gibt, in dem wir ungehindert reden können.« Mir war das unangenehm. Aber als es dann ermöglicht wurde, ließ ich mich darauf ein.

Nun saßen wir uns an einem Tisch gegenüber. »Ruth«, begann sie, »ich war wegen meiner Probleme in einer Kurklinik. Und dort begegnete mir der Mann meines Lebens!« – »Du bist doch verheiratet«, entgegnete ich. »Du hast auch Kinder?« – »Ja, ja, das stimmt. Aber mein Mann ist nicht gut zu mir. Und meine Kinder sind fast erwachsen. Die kommen auch ohne mich aus. Und weißt du, dieser andere Mann, der schätzt mich. Der findet mich sogar klug. Mein eigener Mann lässt mich immer nur wissen, was alles an mir verkehrt ist. Ruth, sag ehrlich, gönnt Gott mir nicht dieses kleine Glück? Sieht er denn nicht, wie ich leide? Muss ich in dieser Ehe bleiben, nur weil ich einmal Ja gesagt habe? Wieso darf ich nicht auch ein wenig glücklich sein?«

Ich hatte bisher keine Möglichkeit, irgendein Argument zu liefern, das dagegen sprach. Sie war so beherrscht von dem Gedanken, dass sich ihr ganzes Leben durch diesen fremden Mann ändern würde, dass sie gar nichts anderes denken konnte.

Wir sprachen lange miteinander, und nicht nur an diesem Tag. Es war eine Berg- und Talfahrt von Gefühlsdurcheinander, durch das sie über Wochen ging. Eines wollte sie auf keinen Fall: Jesus Christus verlieren.

Gott ist treu. Mehr und mehr erfuhr sie, z. T. durch Zufall, über diesen scheinbar in Scheidung lebenden Mann. Und das waren keine rosigen Nachrichten. Außer dem Zustand, dass er noch verheiratet war, kamen noch andere Dinge ans Licht, die ihr die Augen öffneten dafür, dass ihre Entscheidung für diesen Mann falsch gewesen wäre.

Da wusste sie neu: Gott gönnte mir dieses kleine Glück nicht, weil es ein riesiges Unglück für mich gewesen wäre.

Gedanken

Umgang mit Versuchung
Was hat Eva mit mir zu tun?
Ich will doch auch ein wenig glücklich sein!
Von der Versuchung zur Sünde
Schritte ins Verderben
1. Mose 3,1–6

»Dich hat Gott vorbeigeschickt«, meinte meine Bekannte, als wir uns begegneten. »Jetzt habe ich endlich den Mann meines Lebens gefunden. Ich bin bereit, alles hinter mir zu lassen, auch die Kinder. Habe ich als Christ nicht auch ein Recht darauf, so geliebt zu werden, wie ich es mir immer wünschte? Gönnt Gott mir nicht, glücklich zu sein?«

Miteinander versuchten wir, der Versuchung auf die Spur zu kommen, die sich langsam einschleicht, um uns zur Sünde hinzuführen.

1. Versuchung findet oftmals am Ort unseres Mangels oder unserer Wünsche statt

Die Schlange begegnet Eva am verbotenen Baum, nicht an den vielen erlaubten Bäumen.
(1. Mose 3)

Felicitas war jahrelang eine treue Ehefrau. Die beiden Kinder, die ihnen geboren wurden, waren eine große Freude für sie gewesen. Aber die waren nun mitten in der Pubertät. Es gab täglich Streit zwischen den beiden. Felicitas' Mann hatte sich nie in die Kindererziehung eingemischt und meinte nur, sie solle das nicht so tragisch nehmen. Sie fühlte sich allein gelassen. Er aber war zufrieden, so lange Tisch- und Bettgemeinschaft stimmten. Funktionierte das nicht, war er brummig und aggressiv.

Dann war sie in Kur. Ein liebenswürdiger Mann machte ihr täglich Komplimente. Das war für ihr Herz wie Balsam. Sie fühlte sich plötzlich wieder begehrenswert, spürte, dass sie etwas Besonderes ist.

Satan versucht immer, unsere Schwachstellen auszunutzen. Er gebraucht unsere Gefühle, um uns zu vermitteln: Du bist zu kurz gekommen. Alles hast du gegeben, der andere aber hat sich nie angestrengt. An dem Punkt, an dem wir gefallen wollen, kommen wir manchmal zu Fall.

Und ebenso geschieht das dort, wo andere Gefallen an uns finden.

2. Aufenthalt am falschen Ort und zuhören, was die Schlange sagt

Die Schlange sprach zur Frau: Ja, sollte Gott gesagt haben ... (1. Mose 3,1)

Obwohl Felicitas um ihre Versuchbarkeit wusste, fühlte sie sich wohl in der Gesellschaft dieses Mannes. Es tat ihr einfach gut, zu spüren, wie er das Gespräch mit ihr suchte, sie intelligent fand. Schon morgens freute sie sich, ihn zu treffen, wenn er ihr die Tür öffnete und den Stuhl am Frühstückstisch zurechtrückte. Tief drinnen spürte sie, dass sie auf einem falschen Weg war. Aber es tat ihrer Seele so gut! Und außerdem, was war schon falsch daran, dass sie jemanden mochte? Sie hatten ja kein Verhältnis miteinander! Da war doch nichts verkehrt daran! Außerdem zeigte dieser Mann Interesse für den Glauben. Und vielleicht konnte sie ihn ja überzeugen, dass es Gott wirklich gibt.

Satan versucht, sich wie ein Freund zu geben: Du tust ja nichts Verkehrtes. Deine Seele bekommt ein paar Streicheleinheiten. Freu dich doch einfach darüber.

3. Der Schlange Glauben schenken, die vorgaukelt: Gott enthält mir etwas vor

Die Schlange sagte: Ihr werdet nicht sterben, sondern Gott weiß, wenn ihr davon esst ... werdet ihr sein wie Gott. (1. Mose 3,5)

Die Zuneigung von Felicitas nahm immer mehr zu. Nein, Gott konnte doch nicht so unbarmherzig sein, ihr diese wunderbare Freundschaft nicht zu gönnen. Eigentlich hätte sie solch einen Mann verdient, der ihr liebevoll begegnet. So hatte Gott sicher ursprünglich Liebe zwischen Mann und Frau gemeint. Wäre sie doch diesem Mann viel früher begegnet, dann müsste sie jetzt nicht solch ein tristes Leben führen! Wie ungerecht war Gott, der ihr das nicht gönnte! Sie hatte ja nur dieses eine Leben.

Felicitas hinterfragte Gottes Liebe. Warum gab er diese harten Gebote? Wenn Gott wirklich die Liebe wäre, würde er mir dieses Glück gönnen! Im Herzen des Menschen richtet sich eine Trotzhaltung gegenüber Gott auf.

4. Die falsche Vorstellung in uns wachsen lassen

Und die Frau sah, dass von dem Baum gut zu essen

wäre ... und dass er eine Lust für die Augen wäre (1. Mose 3,6)

Ein bisschen hinsehen und ausmalen schadet doch nichts! Die Vorstellung, wie ein gemeinsames Leben möglich sein könnte, gewann immer mehr Konturen: Felicitas' Ehe war ja eigentlich kein Glück mehr, sondern nur Last, so fühlte sie. Und die Ehe des anderen Mannes war nach seinen Worten schon lange zu Ende, auch wenn er noch mit seiner Frau zusammenwohnte. Ja, man könnte miteinander reisen, würde Konzerte besuchen. Man würde all das nachholen, was man sich in der Ehe erhofft hatte, ohne es je erlebt zu haben! Irgendwo würde man neu zusammen beginnen, am besten in Südfrankreich, auf jeden Fall, wo einen niemand kannte. Sie hatte da schon eine Idee. Der eigene Mann und die Kinder? Die würden auch irgendwie ohne sie zurechtkommen.

Endlich würde das richtige Leben beginnen! Über Gott dachte man besser nicht nach. Und mit ihm darüber sprechen, wollte man lieber nicht. Aber vielleicht hatte er nicht einmal etwas dagegen? Er wollte doch auch, dass wir glücklich sind!?

In diesem Stadium hat die Versuchung schon erreicht, dass wir meinen, ein Recht auf die Sünde zu haben. Satan gewinnt immer mehr Raum im Herzen. Er besetzt ihn und gaukelt vor, welches Glück man versäumt, wenn man nicht handelt. Und er gibt Ideen, wie man das vermeintliche Glück in die Tat umsetzen könnte. Der Mensch merkt nicht mehr, dass es nicht seine eigenen Gedanken sind.

5. Die Sünde ist reif und wird zur Tat

Sie nahm von der Frucht und aß ... (1. Mose 3,6b)

Zu Beginn hätte Felicitas niemals vorgehabt, mit diesem Mann im Bett zu enden. Sie war doch verheiratet, sie hatte Kinder, sie war Christin, sie hatte Prinzipien!

Doch inzwischen war sie von der Sünde auf den falschen Weg geführt worden. Irgendwann ergab es sich, dass sie miteinander schliefen. Es war berauschend, aber sie wachte auf wie aus einem Traum und rannte aus dem Zimmer. Wollte sie das wirklich? Sie war wie zerrissen.

Nach der Kur wollten sie dann doch getrennte Wege gehen, jeder wieder nach Hause.

Doch da kamen neue Fragen auf: Wie sollte sie ihrem Ehemann begegnen? Musste das ein düsteres Geheimnis zwischen ihnen bleiben?

In Jakobus 1,15 heißt es: »Wenn die Lust empfangen hat, bringt sie die Sünde zur Welt.«

Es wie bei einer Geburt. Wenn das Kind lange genug im Mutterleib war, hat es Gestalt angenommen. Die logische Folgerung ist, dass es zur Welt kommt. Wer zulässt, dass Sünde Wohnung in ihm nehmen darf, lässt auch zu, dass sie wächst und sichtbar wird.

6. Die gemeinsame Tat macht abhängig, Sünde verbindet

Eva aß und gab ihrem Mann auch. Und er aß. (1. Mose 3,6c)

Felicitas war nicht mehr frei. Sie war abhängig geworden. Mit Macht zog es sie immer wieder zu diesem Mann hin. Auf der einen Seite hoffte sie, dass nach der Kur der Spuk vorbei sein würde, doch auf der anderen

Seite hatte sie Angst, ihn zu verlieren. Ihre Gedanken waren wie fixiert auf den anderen.

Als sie verzweifelt vor mir saß, fragte ich sie, ob sie bereit sei, dieses Verhältnis aufzugeben. Aber sie konnte nicht. Ihr Herz war nicht bereit zum Wollen, obwohl sie spürte, dass der Weg falsch war. »Darf ich für dich um das Wollen bitten?«, fragte ich sie. Sie wusste nicht einmal, ob ich das beten sollte. Da war eine ungeheure Angst, diesen Mann aufzugeben.

Was beide gegessen haben, verbindet sie nun. Beide haben der Schlange Glauben geschenkt und ihr gehorcht. Sie sind unter dem Gesetz der Sünde.

Die Sünde hat ein Anrecht auf sie. Sie haben gehorcht, nun sind sie zu Dienern der Sünde geworden. Die Schlange besitzt ihr Opfer. Felicitas war wie in einem Gefängnis. Sie wollte frei werden, aber die Sünde nicht loslassen. Doch schließlich willigte sie in das Gebet ein.

An diesem Punkt braucht der Mensch befreiende Seelsorge, weil er keine Macht mehr über sich selbst hat.

Gottes Gnade

Es dauerte viele Wochen, bis Felicitas frei war. Irgendwann begann ein Prozess von Reue und Buße, obwohl die Versuchung sich immer wieder meldete. Menschen begleiteten sie, indem sie sie ermutigten, für sie beteten, ihr halfen, durchzuhalten, wenn sie in Versuchung kam.

Irgendwann fand Felicitas heraus, dass das ganze Leben dieses Mannes nur auf Schwindel aufgebaut war. Voller Entsetzen erkannte sie, dass sie ihren eigenen

Mann und die Kinder verlassen hätte, um einem Hochstapler in die Fänge zu gehen – und konnte Gott nur danken, der ihr geholfen hatte, wieder auf Seinen Weg zurückzufinden.

Wo stehe ich in dieser Versuchungsreihe?

Vielleicht sollten wir uns überlegen, ob wir uns an irgendeinem dieser Punkte wiederfinden.

Sie müssen nicht nur auf Sehnsucht nach Zärtlichkeit beschränkt sein. Es kann sich dabei auch auf Bitterkeit, Neid, Eifersucht, Nachtragen handeln. *Alle Sünde beginnt mit einer Sehnsucht nach Erfüllung, die wir nicht bei Gott suchen.* Wenn wir ihr Raum geben, wird sie in uns wachsen und Wurzeln treiben. Schließlich werden wir kaum Kraft haben, sie noch auszureißen. Seien wir wachsam!

Gebet:

Vater im Himmel, viel zu lange schon nähre ich eine Sehnsucht in mir. Ich spüre diesen Mangel, und mein Herz meint ein Recht zu haben auf Bitterkeit, Neid, Liebe ... Vergib mir, wo ich diesen Gedanken Raum in mir gegeben habe. Ich will dir Glauben schenken, dass du meinen Mangel ausfüllst und mein Herz mit dir füllst. Ich will meine Lust an dir haben. Dann werde ich erfahren, wie es ist, wenn du meine tiefsten Wünsche erfüllst (nach Psalm 37,4).

Von wem lasse ich mich denken?

Zum Gespräch kam eine jüngere Frau zu mir. »Ich habe einen kleinen Mann im Ohr«, begann sie. »Das ist mein größtes Problem.« – »Wie macht sich das bemerkbar?«, wollte ich wissen. Fast befürchtete ich eine psychische Erkrankung. Aber mein Irrtum klärte sich schnell.

»Obwohl mein Mann tagsüber bei der Arbeit ist, verfolgen mich seine Bemerkungen. Wenn ich am Bügeln bin, höre ich, wie er mich maßregelt: ›Bügle doch schneller. Man kann ja nicht mit ansehen, wie lahm du bist.‹ Oder ich bin beim Essenkochen. Während ich die Soße zubereite, die etwas dünner geraten ist, kommentiert mich der kleine Mann im Ohr: ›Soll das heute Suppe sein statt Soße?‹ Ist sie aber etwas zu dick geraten, höre ich förmlich seinen Kommentar: ›Wohl Schokopudding gekocht zum Rollbraten!‹«

»Die Gedanken sind frei. Wer kann sie erraten? Sie fliegen vorbei, wie nächtliche Schatten. Kein Mensch kann sie wissen, kein Jäger erschießen. Es bleibet dabei: Die Gedanken sind frei.« So formulierte es Hoffmann von Fallersleben, geknechtet durch ein System, das ihm das Denken verbot. Und er wollte damit sagen: Was auch immer mir verboten wird, meine Gedanken werden sich die Freiheit vorbehalten, zu denken, was ich will.

Aber denken wir wirklich, was wir wollen?

Werden wir nicht unentwegt von etwas »gedacht«, was durch unsere Umwelt in uns anregt wird? Der Pädagoge Peter Jakobi behauptet sogar, 90 Prozent unserer Gedanken seien letztlich von dem, was uns begegnet, angestoßen. Die Gedanken sind frei? Dr. Leaf, eine Gehirnforscherin, sagt, das Gehirn bestehe aus etwa einer

Milliarde sogenannter Bäume, an denen jeweils bis zu 70 000 Äste wachsen könnten. In ungeheurer Präzision arbeiten diese zusammen, um ein komplexes System aus Informationen und Eindrücken mit Gefühlen zu verknüpfen. In nur etwa drei Pfund Gehirnmasse arbeitet ein unübertreffbarer Computer.

Die Belagerung unseres Gehirns

Zu Kain sagt Gott: »Die Sünde lauert vor der Tür. Du aber herrsche über sie!« (1. Mose 4,7 b)

Kain herrschte nicht darüber. Er ergab sich der Sünde.

Es muss nicht Sünde sein. Es kann auch Bitterkeit, unvergebene Schuld, Enttäuschung, Wut, Verzweiflung oder das Gefühl sein, zu kurz gekommen zu sein oder übergangen zu werden. Diese Empfindungen treiben uns in die falsche Richtung und »belagern« unser Gehirn.

Diese Gedanken verknüpfen sich mit Negativgefühlen, die uns die Freude am Leben nehmen können.

Herr werden über das Negative!

Das hieße für die Frau, deren Not ich zu Anfang beschrieb: »Schütten Sie Wasser zur Soße, wenn Sie merken, sie ist zu dick geworden und etwas Speisestärke, sollte sie zu wässrig sein.«

Oder aber: »Fühlen Sie sich frei, Ihrem Mann die Wahl zu lassen, den angeblichen ›Pudding‹ nicht essen zu müssen. Und was das Bügeln angeht: Stellen Sie ihm das Bügelbrett auf und bitten Sie ihn darum, doch selbst die Wäsche zu bügeln, weil es dann ja schneller ginge …«

Mehr als alles achte auf deine Gedanken, heißt es in den Sprüchen (Sprüche 4,23 b).

Lass dich nicht von Gedanken denken, die dich zur Sünde verleiten! Sag zu deiner Seele: Wie sollte ich solch ein Übel tun und gegen Gott sündigen? (1. Mose 39,8 b)

Lass dich nicht von Gedanken denken, die dich klein machen! Du bist nicht wertvoll, weil du etwas kannst, sondern weil Gott es wert achtete, dich zu erschaffen.

Lass dich nicht von Gedanken denken, die dich ständig daran erinnern, wie man dich verletzt hat. Halte Jesus deinen Schmerz hin, so oft es dir weh tut, und bitte ihn um Heilung.

Lass dich nicht von Gedanken denken, die nur über Negatives nachgrübeln! Fülle deine Gedanken mit Vitaminen der Dankbarkeit, der Freude, mit dem Aussprechen von Gutem und mach anderen Mut. Das wird auch dich selbst ermutigen.

Lass dich nicht von Gedanken denken, die deinen Ehepartner negativ sehen. Damit verkleinerst du eure Ehesubstanz. Füge du lieber dieser Substanz gute Gedanken und ein Lächeln dazu. Segne deinen Partner, so oft du an ihn denkst!

Und lass dich nicht dazu verleiten, seine negativen Gedanken zu übernehmen.

Wenn du kannst, streue ein paar Körnchen Humor dazu.

Der König David, dem wir viele Psalmen verdanken, hat oft mit seiner Seele gesprochen.

Er spricht zu ihr wie zu einem Du: »Lobe den Herrn, meine Seele, und was in mir ist, seinen heiligen Namen. Lobe den Herrn, meine Seele und vergiss nicht, was er dir Gutes getan hat.« (Psalm 103,1.2). In diesem Dialog gibt er seiner Seele Anweisungen, was sie denken soll. Er lässt sie nicht einfach Trübsal blasen. Er ermutigt sie zum Lob.

Das Interessante ist, dass unsere Seele auf das reagiert, womit wir sie füttern! Wir sind unseren Gedanken nicht blind ausgeliefert. »Du aber herrsche über sie«, fordert Gott den Kain auf (1. Mose 4,7b). Kain ließ sich leider nicht warnen und ermordete seinen Bruder.

In diesen seelischen Bereich hinein will Gott zu uns sprechen, um uns den richtigen Weg zu zeigen. Aber auch der Böse nutzt diesen Teil unseres Menschseins, um uns in die falsche Richtung zu verführen.

Immer neu müssen wir uns entscheiden, auf wen wir hören wollen. Bei allem Guten haben wir dabei einen starken Verbündeten: unseren wunderbaren Gott, der unser Herz sieht und uns leiten will. Deshalb können wir am besten einstimmen in einen weiteren Psalm von David, der ein Gebet ist: »Herr, du erforschst mich und kennst mich. Ich sitze oder stehe auf, so weißt du es. Du verstehst meine Gedanken von ferne. ... Und sieh, ob ich auf bösem Wege bin, und leite mich auf ewigem Wege.« (Psalm 139,1.2.24).

Gebet:
Danke, Vater im Himmel, für den wundervollen Computer in meinem Kopf. Du hast mich begabt, denken zu können. Hilf mir, negative Gedanken auszusortieren, damit sie nicht mein Gehirn vergiften. Lass mich immer neu vom Denken zum Danken finden. Mach mich wachsam, damit ich erkennen kann, wer »vor meiner Tür lauert«. Komm und wohne du auch in meinen Gedanken.

Tränen, Gottes Geschenk
Schon als Kind habe ich viel geweint. Sah ich ein krankes Kind oder erlebte in der Schule mit, wie anderen Unrecht geschah, verband sich das oft mit meinen Tränen. »Heulsuse«, sagte man mir. Manche lachten mich aus.

Heute weiß ich, dass Tränen ein großes Geschenk für mich sind. Tränen sind der Stoff, mit dem sich unsere Seele Erleichterung verschaffen kann. »Warum soll Gott Tränen erschaffen haben, wenn wir sie nicht benutzen sollen?«, fragte mich eine Frau. Tränen sind für mich die Möglichkeit, meiner Freude eine Plattform zu geben, um sich aus-zu-drücken. Und ebenso verschaffen sie Erleichterung, wenn sie »auslaufen« aus dem Kochtopf meiner Verletzung oder Traurigkeit.

Ich habe aus tiefer Freude geweint, wenn mein Neugeborenes in meinen Armen lag. Voller Schmerz ließ ich ebenso meine Tränen fließen, wenn ich erfuhr, dass sich mein kleines Ungeborenes still von mir verabschiedet hatte. Wer berührt ist, bei dem rührt sich etwas!

Heute kann ich Gott danken für das Geschenk der Tränen, auch wenn mancher das anders sieht.

»Tränen? Unnötiger emotionaler Saft«, mag der Mann antworten. »Hilfreiche Verarbeitung von Gefühlen«, ist eine der möglichen Antworten der Frau. »Tränen müssen einen wirklichen Anlass haben«, sagt der Mann, »um gerechtfertigt zu sein.« – »Tränen rollen auch ohne erkennbar tiefe Erschütterung und ohne dass ich sie steuern kann«, äußert die Frau …

Aber das muss nicht geschlechtsspezifisch sein. Es gibt auch Männer, die viele Tränen haben, doch bei ihnen wirkt es gesellschaftlich eher irritierend. Mancher Mann wünscht sich auch Tränen. So äußerte ein Mann während einer Beratung: »Ich wünschte, ich könnte den ganzen Schmerz hinausweinen. Es würde sicher Erleichterung bringen!«

Warum weinen wir? Unsere Seele schafft sich einen Platz, um sich auszudrücken! Die beiden Ventile unserer Augen können dem Druck des inneren »Schnellkochtopfes« nicht mehr standhalten. Sie laufen buchstäblich über. Es gibt viele Anlässe, um dieses Tränenmeer zum Überlaufen zu bringen. Sie betreffen alle Bereiche des Menschen: Leib, Seele und Geist. Ein Übermaß an körperlichen Schmerzen bringt uns zum Stöhnen und Schreien und Heulen.

Wer Entmutigung, Ablehnung, Verlust, Ungerechtigkeit, Gemeinheiten erfährt, dessen Seele reagiert, je nach Temperament, mit Ärger, Wut oder/und verzweifeltem tränenreichem Schluchzen. Seelische Erschütterung findet auch im Zusammenhang mit großer Freude statt, bei Hochzeiten, Geburten, Wiedersehen.

Geistlich erfahren wir Tränen bei dem Gefühl, versagt zu haben, falsche Entscheidungen getroffen zu haben, schuldig geworden zu sein. Nirgends habe ich mehr Tränen gesehen als bei Frauen, die versuchten, ihre Abtreibung zu verarbeiten. Tränen rinnen auch aus Freude und Erleichterung bei der Zusage der Vergebung, dem Fühlen von Gottes tröstender Nähe, der Gewissheit der Erlösung, dem Staunen über Gottes Durchhilfe, seine Größe, Errettung.

Frauen verarbeiten Erlebnisse oftmals anders als Männer. Sie stehen emotional mitten in einem Geschehen, auch wenn es andere Menschen betrifft, fühlen mit, auch wenn es nicht die eigene Not oder Freude ist. Irritierend ist es für einen Mann, wenn er seine Frau bei einem romantischen Film weinen sieht. »Was in aller Welt hat dieser Spielfilm mit ihr zu tun?« Frauen verarbeiten dabei eigene Gefühle, Sehnsüchte, Erinnerungen, Freude und Schmerz.

Wir sehen im Leben Jesus, wie er sich emotional dem Leidenden zuwendet, ein Herz hat, das den Schmerz des Anderen nicht nur sieht, sondern auch fühlt. Der Tod des Jünglings zu Nain geht ihm zu Herzen, als er die Witwe sieht, die jetzt ohne Versorgung sein wird. Beim Tod des Lazarus ergrimmt er im Geist, weil er mitfühlt, welchen Schmerz der Tod ins Herz von Menschen reißt. Er weint über Jerusalem, dessen Untergang er vor Augen hat.

Tränen sind zunächst neutral. Sie fließen bei Freude und Leid gleichermaßen. Allerdings sollen Wut- und Trauertränen mehr Salz- und Bitterstoffe enthalten als Tränen, die aus Freude geweint werden. Der Körper will buchstäblich das Bittere loswerden. Tränen sind Scheibenwischer für die Augen. Wo Tränenflüssigkeit fehlt, muss sie den Augen zugeführt werden. Tränen haben auch reinigenden, kathartischen Charakter. Sie geben der Seele eine Möglichkeit, sich bemerkbar zu machen. Wir können durch die Tränen auf unserm Gesicht uns selbst fühlen!

König David schämte sich nicht, zu weinen. Sonst könnte er in Psalm 56 nicht sagen: »Sammle meine Tränen in einen Krug, ohne Zweifel, du zählst sie.« Er wusste, dass Gott diesem Schmerz in seiner Seele nicht gleichgültig gegenübersteht.

Allen, die viele Tränen haben, dürfen wissen: »Gott wird abwischen alle Tränen von ihren Augen« (Offenbarung 21,4).

Trost braucht nicht immer Worte, sondern auch einen warmen Händedruck oder eine Umarmung. Mitweinen bewirkt manchmal mehr als die Aufforderung, damit aufzuhören.

Seminare

Der Herr ist auferstanden! Als die Soldaten mit ihren Besenstielen zu Boden fielen.

Ostern! Mit vielen Freunden hatten wir uns wieder zusammengefunden, um auf der Osterkonferenz miteinander dem Leiden und Sterben Jesu zu gedenken. Aber auch der Sonntag mit der Auferstehung musste gefeiert werden. Das herrliche Tagungshaus »Heilsbach« steht im Pfälzer Wald. Wen wundert es, dass wir dort auch im Wald am nebeligen Morgen die Auferstehung feierten! Auf dem Felsen erscholl das Schofar, und die Soldaten vor dem Felsvorsprung fielen mit ihren Besenstielen … Entschuldigung, ich meinte Spießen … zu Boden, während das Erdbeben unsere Zuschauerfüße zum Zittern brachte. Und dann waren da Maria und Salome, die zum Grab eilten und dem strahlenden Engel begegneten, der ihnen die frohe Botschaft brachte: »Jesus ist nicht hier. Er ist auferstanden!« Fröhlich singend hüpften sie den Berg herunter mit ihren Körben voll Salböl, das nun nicht mehr gebraucht wurde. Und da plötzlich begegnete ihnen Jesus, der hinter einem Baum hervortrat. Sie fielen vor ihm nieder und hörten den Auftrag: »Sagt es den Jüngern weiter …«

Wir Zuschauer am Fuße des kleinen Berges stimmten dann fröhlich an: »Der Herr ist auferstanden, er ist wahrhaftig auferstanden. Halleluja!«

Mit brennenden Kerzen liefen wir in dieser frühen Morgenstunde zurück zum Konferenzhaus.

Auch wenn es nur ein Spiel war, fast fühlten wir, dabei gewesen zu sein!

Doch welch eine Freude: Es ist Wirklichkeit, Jesus ist auferstanden, er lebt! Unser kleines, vierjähriges Enkelmädchen war davon so sehr begeistert, dass sie sich vor mehrere Teilnehmer stellte, die Arme in die Luft warf und rief: »Er lebt! Jesus lebt! Er ist auferstanden!«

Jona im Fisch und Adam im Garten Eden. Eva: Adam, liebst du mich?

An einem der Seminar-Abende wurde jeder zusammengewürfelten Gruppe aufgetragen, eine Szene aus der Bibel aufzuführen. Da erlebte man mit, wie Jona von den Matrosen in die wild gewordenen Fluten gestoßen wurde. Aufregend, wie der Fisch ihn verschluckte! Und dann der große Schluckauf, der ihn an Land spülte!

Mich berührte besonders die Erschaffung des Menschen. Zwei Kinder, ein Mädchen und ein Junge, wollten unbedingt die Rolle von Adam und Eva spielen. »Zunächst erschuf Gott den Himmel und die Erde. Zum Schluss dann den Menschen, den er in einen schönen Garten setzte«, erzählte der Sprecher. »Gott formte den Menschen nach seinem Bild.«

Nun sah man Adam staunend durch den Garten gehen, Blumen bewundernd, im Ohr Vogelgezwitscher. »Es ist nicht gut, dass der Mensch allein ist. ›Ich will ihm ein Gegenüber schenken‹, entscheidet Gott«, hörte man nun wieder den Sprecher.

Adam gähnt, setzt sich nieder, legt sich auf den Boden und schläft ein. Unter das weiße Betttuch, das ihn zudeckt, ist Eva schon hineingeschlüpft. Und nachdem eine kurze Zeit keine Bewegung darunter zu sehen ist, krabbelt nun Eva heraus, streckt und reckt sich wie nach langem, erholsamen Schlaf. Sie schaut sich um, staunt. Dann sieht sie Adam, wie er da liegt und allmählich wach wird. Ihr bleibt der Mund offen stehen. Auch Adam erschrickt. Aber dann ruft er voller Begeisterung aus: »Das ist ja ein Mensch wie ich, ganz anders, aber mir doch auch gleich.« Er steht auf, berührt Eva, streicht über ihr Haar. – Es wird Abend, einige Lichter werden gelöscht. Adam läuft mit verschränkten Armen vor Eva her. Sie geht hinter ihm, spürt, wie gerne sie ihn mag, greift sich an ihr Herz. Schließlich fragt sie zärtlich: »Adam, liebst du mich?« Er dreht sich um, schaut sie etwas irritiert an und meint: »Wen denn sonst?«

Wen denn sonst? Dieser Satz verfolgt mich. Er bohrt sich in mein Herz. Wen denn sonst?

Gott liebt auch mich so, als wäre ich der einzige Mensch auf dieser Erde! Wen denn sonst?

Er meint mich! Er ließ zu, dass Jesus ans Kreuz genagelt wurde aus Liebe zu mir ganz persönlich, zu mir!

Und er ließ zu, dass Jesus auch für dich starb, weil du im Mittelpunkt seines Denkens bist.

Wen denn sonst könnte ER so lieben wie dich? Wen denn sonst?

Mein Herz für Ungeborene

Nur Einer kann diesen Schmerz stillen. Mein Herz für die Ungeborenen begann zu schlagen, als ich zwei meiner Kinder durch Fehlgeburt verloren hatte. Der Schmerz war für mich unbeschreiblich, und ich meinte, ihn kaum zu ertragen. Oftmals hatte ich, als dieses kleine Wesen mich schon verlassen hatte, noch meine Hände über meinen Bauch gebreitet in der Vorstellung, es würde nochmals zum Leben erwachen.

Es fiel mir schwer, die Aussagen zu ertragen, die Menschen äußerten, wenn ich davon sprach, welchen Schmerz ich fühlte. Menschen, die das noch nicht erlebt haben, finden selten Worte des Trostes. Eher fallen dann Sätze wie: »Das Kind wäre wahrscheinlich behindert gewesen. Der Körper stößt es deshalb ab. So ist das nun mal.« – »Das war in der achten Woche doch noch gar kein Mensch, nur Gewebe!« – »Du hast doch schon Kinder! Sei einfach dankbar!« Getröstet hat mich aber die Aussage einer Ordensschwester: »Dieses Kindlein werden Sie mit Sicherheit im Himmel sehen.«

Nach den Fehlgeburten war ich sensibilisiert für Frauen, die Ähnliches erlebt hatten. Wenn sie mir davon erzählten, fühlten wir Verbundenheit. Oftmals weinten wir miteinander und spürten, wie hilfreich das war.

Noch schrecklicher ist der Schmerz, wenn eine Frau selbst die Entscheidung trifft, ihr Ungeborenes nicht auszutragen. Da spielen viele Faktoren mit: Frauen fühlen sich allein gelassen und überfordert durch ungelöste

Probleme in der Partnerschaft, einen Partner, der das Kind nicht will, durch finanzielle Not oder eine Ausbildung, die abgebrochen werden muss. Dabei fehlen oft nur Menschen, die Mut gemacht hätten zu dem Kind!

Eine Abtreibung löst keine Probleme. Frauen leiden oft lebenslang unter Albträumen, Schuldgefühlen, Depressionen. Nicht selten zerbrechen danach Partnerschaften. Nie habe ich Frauen so hemmungslos weinen sehen wie beim Sprechen über ihr ungeborenes Kind, das sie haben abtreiben lassen. Abtreibung ist ein totgeschwiegenes Thema.

Während einer Trauerphase nach meiner Fehlgeburt lernte ich eine Frau kennen, die eine Abtreibung hinter sich hatte. Es war Claudia Wellbrock-Reichstein. Während ihres Gesangsstudiums wurde sie schwanger von einem Mann, den sie ohnehin nicht liebte. Diese Schwangerschaft störte ihr gesamtes Lebenskonzept. Ein Anästhesist klärte sie auf, dass dieser »Gewebeklumpen« leicht zu entfernen wäre. Aber schon nach dem Aufwachen aus der Narkose begriff sie, dass es ihr Kind gewesen war, das nun tot war. Sie versuchte, sich umzubringen, doch sie wurde gefunden und überlebte. Ein Jahr lang verbrachte sie danach in der Psychiatrie. Dort begegnete ihr Gott durch das Zeugnis von jungen Menschen. In einem bewegenden Lied, das sie ihrem abgetriebenen Kind gewidmet hat, drückt sie den furchtbaren Schmerz aus, durch den sie nach ihrer Abtreibung ging.

Durch Claudia entstand ein Kontakt zu Thomas

Schührer, einem Mann, der sich stark für das Lebensrecht einsetzt. An gut sichtbaren Stellen bei Bundesstraßen stellte er Kreuze auf. Auf einem bestimmten Areal wurden dann 1000 weiße Kreuze in den Boden gerammt. Sein Ziel war es, Menschen für das Unrecht zu sensibilisieren, das in unserem Land geschieht. Ich las bewegende Berichte von ihm, wie manchmal morgens Kreuze herausgerissen am Boden lagen oder auch entwendet worden waren. Deshalb legte er sich eines Nachts auf die Lauer. Dabei beobachtete er eine Frau, die gerade dabei war, eines der Kreuze zu stehlen. Sie war allein. Als er sie ansprach, erschrak sie. Auf seine Frage, was ihr Motiv sei, antwortete sie: »Ich wollte dieses Kreuz für mein abgetriebenes Kind holen. Bei mir zu Hause will ich es aufstellen, damit es wenigstens nicht vergessen ist.« Manchmal lagen morgens bei einigen Kreuzen auch eine Rose!

Solch eine Kreuzaktion wollte ich auch in unserer Gegend starten. Bei der Kreisverwaltung erkundigte ich mich, ob ich dazu ein Gelände an der B10 benutzen dürfe. Auch mit dem Landrat setzte ich mich in Verbindung. Es dauerte viele Monate, bis eine Genehmigung kam. Dann war es soweit. Doch als wir die Kreuze in den Boden bringen wollten, war das Gelände so sehr mit Steinen übersät, dass wir diese Aktion nach kurzer Zeit einstellen mussten. Ich war sehr traurig darüber.

Mein Herz schlug aber weiter für die Ungeborenen. Ich wollte wenigstens ein kleines Zeichen setzen, und wenn es nur in meinem eigenen Dorf wäre. »Thomas«

fragte ich ihn, »hast du denn auch Kreuze ohne den Metallfuß?« – »Ja, aber die sind noch nicht weiß gestrichen.« – »Das dürfte kein Problem sein«, meinte ich. »Wenn die Kreuze nicht aufzustellen sind, könnten wir sie ja auch tragen!«

Marsch für das Leben im Jahr 2001 in Fischbach. Franz von der katholischen Pfadfindergruppe St. Georg lagerte die Kreuze in seinem Schuppen. Die Jugendlichen strichen die weiße Farbe auf. Es konnte losgehen. In den umliegenden Gemeinden lud ich zum »Kreuzzug für die Ungeborenen« ein. Wir zerschnitten Leintücher und machten auf die Not der Frauen aufmerksam und auf das Wunder des Lebens. In Bannern an Besenstielen trugen wir diese Fahnen mit uns, damit man sah, warum wir Kreuze trugen.

120 Menschen fanden sich ein. Die Polizei hatte die Straßen gesichert. Vor der Schule versammelten wir uns, und ich hielt eine kleine Ansprache: »Wir sind hier zusammen, um mit den Müttern zu trauern, die ihr Kind verloren haben. Wir weinen aber auch um all die Kinder, die ihr Leben verloren, bevor sie zur Welt kommen durften. Ich habe mit Frauen geweint, ihre Hände in meine Hände genommen, während sie schluchzten. Wir haben den Ungeborenen, denen, die durch Fehlgeburt zur Welt kamen und denen, die abgetrieben wurden, Namen gegeben. Sie sollten aus ihrer Namenlosigkeit herausgeholt werden.

Bei den Frauen, die abgetrieben hatten, hörte ich immer wieder den verzweifelten Aufschrei: ›Warum hat mir das niemand vorher gesagt?‹ Ich klage an, dass Frauen die Folgen einer Abtreibung verschwiegen werden. Es macht mich wütend, dass Abtreibung verharmlost wird. Hier helfen keine Scheine, die vorgaukeln, das sei nun alles legal und unproblematisch. Das ist Betrug an der Seele einer Frau und der Tod für ein kleines Menschenkind!«

Während der folgenden Schweigeminute spielte Tobias auf seiner Geige. Dabei stiegen über 50 mit Gas gefüllte Luftballons zum Himmel. Rote Zettel mit einem Gedicht »An meine Mutter« hingen daran. Auf ihnen stand der Aufruf eines Ungeborenen, das darum bittet, leben zu dürfen: ›*Mama, bitte lass mich leben! Mit dir will ich die Welt entdecken und den Regenbogen bestaunen.*‹ Der letzte Satz darin hieß: ›*Vielleicht werde ich bei deinem Tod, Mama, der einzige Mensch sein, der um dich weint.*‹

Mein Mann sprach mit uns das Vaterunser. Dann gingen wir schweigend mit den Bannern, die von unserem Motiv zeugten, durch die Straßen. Viele Menschen hatten eines der Kreuze aufgenommen und trugen es vor sich her.

Ein Jahr später fand unser nächster Trauerzug statt. Durch die Lebensrechtsarbeit war ein herzlicher Kontakt zu dem katholischen Geistlichen entstanden. Dieses Mal mündete unser Zug in der katholischen Kirche. Ich hatte ein Anspiel geschrieben, das von vier jungen Menschen sehr lebendig vorgetragen wurde: Eine Frau kommt weinend durch den Gang nach vorne gelaufen.

Sie öffnet die nicht vorhandene Tür und wirft ihren Mantel zur Seite und setzt sich verzweifelt weinend auf den Stuhl. Ihr Mann kommt dazu und fragt nach dem Grund. Sie sagt, dass sie schwanger ist. Er meint nur: »Das ist doch nicht schlimm!« Sie: »Dann willst du das Kind?« Und er: »Nein, auf keinen Fall. Das lässt du einfach wegmachen!« Die Frau schluchzt noch mehr. »Und noch etwas«, sagt er, »wenn du dieses Kind austrägst, dann bist du mich los!« Wütend geht er davon.

Eine schwarze Gestalt kommt nun von der Seite, tritt hinter sie und flüstert, für uns hörbar, in ihr Ohr, welche Konsequenzen das haben würde. Diese Gestalt gibt sich freundlich und fürsorglich, meint, sie solle ihre Partnerschaft nicht auf die Probe stellen und gibt noch mehr gut gemeinte Ratschläge. Abwechselnd kommt aber auch von der anderen Seite von hinten ein weißgekleidetes Wesen, das Mut macht, das Kindlein zur Welt zu bringen. Sobald dieses Wesen auftaucht, zieht sich die schwarze Gestalt zurück. Zum Schluss siegen schließlich die Worte des weißen Wesens. Die finstere Gestalt räumt fauchend und zischend das Feld.

»Wir werden es schaffen«, flüstert jetzt die Frau ihrem Kindlein zu, »ich werde für dich kämpfen«, und streichelt zart und liebevoll über ihren Bauch.

Zwei Frauen und zwei Männer hatten sich bereit erklärt, die Fürbitten zu sprechen: Ein Gebet war schwangeren Frauen gewidmet, um Mut zu bekommen, für ihr Ungeborenes zu kämpfen. In einem zweiten wurde für Männer gebetet, dass sie Kraft hätten, für ihre Frau und ihr Kind Schutz und Hilfe zu sein. In einem weiteren, dass Gott Ärzten die Augen öffnen möge für das entsetzliche Unrecht, das sie bei Abtreibung betrieben. Im vierten Gebet wurde an alle Frauen gedacht, die nach einer Abtreibung keine Lebensfreude mehr finden konnten.

Jedes Kind, das teilgenommen hatte, durfte sich einen Segen abholen. Es war bewegend, wie die Kinder voller Freude zum Altar gingen, um sich segnen zu lassen. Im Anschluss konnte man sich Infomaterial mitnehmen, darunter auch die Nachbildung eines Embryos in der 10.–12. Woche. Für Kinder gab es Malhefte, Gummibärchen und Luftballons.

Vielleicht werde ich bald mein Kindlein sehen. Eine ältere Frau, die am Zug teilgenommen hatte, sagte mir mit bewegter Stimme: »Ich habe das Kreuz für mein abgetriebenes Kind getragen, dessen Grab ich nicht einmal besuchen kann.«

Als sie lange Zeit danach schwer krank wurde, wollte sie mich nochmals sehen. Ich stand an ihrem Bett. Sie wusste, dass sie bald in die Ewigkeit gehen würde. »Ich kann jetzt im Frieden gehen«, sagte sie leise. »Mein Jesus hat meine Schuld ans Kreuz genommen. Vielleicht werde ich bald mein Kindlein sehen. Dann wird sein Kreuz das Zeichen unserer Versöhnung sein.«

Dieser Zug für das Leben hat sich weiter ausgebreitet. In vielen Städten und Ländern gehen Menschen auf die Straße, um für das Leben zu werben. Mehrmals war ich in Berlin dabei. Einmal durfte ich auch auf dem Podium sprechen. Jedes Jahr, am 3. Sonntag im September, gehen Menschen in einem Schweigemarsch auf die Straßen Berlins, um für die Ungeborenen ihre Stimme zu erheben. Im Jahr 2019 waren dafür mehr als 8000 Menschen unterwegs. Hunderte Protestler schrien mit gotteslästerlichen Worten ihre Sprüche – Hunderte von Menschen, die noch nicht begriffen haben, dass auch ihr Leben ein Geschenk Gottes ist.

Herr, gib mir Kraft, gegen Ungerechtigkeit aufzustehen,
Und Mut, mich vor den Schwachen zu stellen.
Öffne meinen Mund, wenn ich feige bin,
Und lass ihn verstummen, falls ich falsch liege.
Ich will reden, wenn du es mich heißt, und schweigen, wenn du es sagst.
Vor allem bewahre mich davor, zu hassen oder bitter zu werden.
Schenk mir im Herzen Erbarmen mit denen, die zum Bösen getrieben werden.
Gib mir Liebe für die Schwierigen.
Schenk, dass ich mich nicht verirre in falschem Eifer.
Bei allem Tun, Handeln und Reden steh du immer vor meinen Augen.
Lass mich dein Bote sein.
Ich bin dein, und dein will ich bleiben, für immer.
Ruth Heil

Mit schwangeren Frauen im Gespräch
»Im Betrieb werde ich schon als Zuchtochse gehänselt.«
Wir waren am Packen. Mit sieben Kindern wollten wir in Urlaub fahren. Doch das Packen zog sich in die Länge. Ich war so müde, dass wir eine weitere Nacht zu Hause zubrachten. Am nächsten Morgen rief eine verzweifelte Frau an: »Ich bin schwanger im zweiten Monat. Mein Mann war von Anfang an dagegen. Ich hoffte, dass er sich doch noch an den Gedanken gewöhnen würde. Doch er meinte: ›Im Betrieb werde ich schon als Zuchtochse gehänselt, seit die Kollegen wissen, wie viele Kinder wir haben. Das will ich nicht weiter auf die Spitze treiben. Wenn du dieses Kind willst, sollst du es haben. Aber nicht mit mir. Ich gehe!‹ Frau Heil«, schluchzte die Frau, »mein Mann ist ein echt guter Vater, der seine Kinder liebt. Wenn ich das Kind behalte und austragen werde, haben alle meine Kinder keinen Vater mehr.« Bitterlich weinte sie wieder.

Ich ging mit ihr mehrere Optionen durch, wie sie sich verhalten könnte. Doch sie zählte mir auf, wo sie sich schon hatte beraten lassen. »Der Pfarrer hatte gemeint, Gott würde mir schon vergeben. Er wüsste ja um meinen Konflikt. Ich solle nicht wegen dieser Schwangerschaft meine Ehe aufs Spiel setzen. Bei der Beratungsstelle bekam ich, ohne etwas groß erklären zu müssen, sofort den Berechtigungsschein zur Abtreibung. Ich bin total hin- und hergerissen. Bitte helfen Sie mir!«

Wir verschoben unsere Abreise. Stattdessen lud ich die Frau zu uns ein. Viele Stunden redeten wir miteinander. Ich sagte ihr von all den Frauen, die ich nach einer Abtreibung kennengelernt hatte, welche Nöte oft nach der Abtreibung auftreten können, welche inneren Qualen gelitten werden. Sie konnte nur nicken. Ja, das verstand sie vollkommen. Und auch das ließ ich sie wissen, dass eine Abtreibung eine enorme Belastung für die Ehe ist. Sie zerriss vor meinen Augen den Abtreibungsschein. Jetzt wusste sie es ganz sicher: Sie würde für ihr Kind kämpfen! Und das Wunder geschah: Der Ehemann verließ seine Frau nicht!

Inzwischen ist das kleine Mädchen geboren. Die Geschwister lieben es heiß und innig. Und der Mann? Das Kind ist sein kleiner Liebling. Und von der Sache mit der Abtreibung will er keinen Ton mehr erwähnt haben!

Tränen bei einem Frauenfrühstück. 300km Fahrt! Wir sind beide ziemlich müde. Elli baut den Büchertisch auf. Ich versuche mich vor dem Vortrag innerlich zu sammeln und Gott um sein Nahesein zu bitten. Zum Frauenfrühstück haben sich 200 Frauen eingefunden! Gott macht Herzen auf.

Als der Vortrag zu Ende ist, bitten einige Frauen um ein Gespräch. Eine Frau berichtet mir von drei Abtreibungen, die im frühen Stadium der Schwangerschaft durchgeführt wurden. »Bei meinem letzten Eingriff sah ich danach zufällig ein winziges Händchen, das abgerissene Händchen meines Kindes! Man hatte mir zuvor vermittelt, dass das, was da entfernt wurde, noch gar kein Kind sei, sondern nur ein Vorstadium, eher ein

Gewebeklumpen. Aber nachdem ich dieses Händchen gesehen hatte, war ich zutiefst erschüttert! Ich hatte mein Kind umgebracht!« Immer wieder unterbrach sie ihr Reden, weil sie so sehr weinen musste.

Im Gespräch durfte ich ihr sagen, dass Jesus Christus genau deshalb ans Kreuz ging, um die Schuld, die wir nicht tragen können, auf seine Schultern zu nehmen. Mit Tränen bat sie Jesus um Vergebung für ihre falschen Entscheidungen, die sie von Herzen bereute. Danach betete sie: »Herr Jesus, der du am Kreuz für mich gestorben bist, zieh in mein Herz ein und nimm mein Leben in deine Hand.«

Für sie war es unfassbar, dass Jesus alles getragen und vergeben hat. Tief bewegt äußerte sie mehrmals, dass sie nie zuvor solchen Frieden empfunden habe. Ich machte ihr Mut, ihre Erfahrung weiterzugeben, besonders bei Menschen, von denen sie wusste, dass sie sich mit dem Gedanken an eine Abtreibung beschäftigten.

Eine weitere Frau spricht mich bei diesem Frühstück an: »Durch einen Ihrer Artikel in der Zeitschrift LYDIA habe ich zum Glauben an Jesus gefunden!« Welch eine tiefe Freude durchflutete da mein Herz!

Zwei meiner Frauenbücher wurden ins Russische übersetzt. Diese Gemeinde, zu der viele Russlanddeutsche gehören, nimmt meine Bücher auch mit zu ihren Verwandten nach Sibirien. Von dort kommt die Rückmeldung: »Wenn wir das alles doch schon früher gewusst hätten, hätten wir manche Fehler vermeiden können!«

Es ist nur ein kleiner Eingriff, mach kein Drama daraus! »Ich bin hier, weil ich nicht mehr weiter weiß. Bei einigen Therapeuten suchte ich Rat. Aber niemand kann mein Kind wieder lebendig machen.« So begann die junge Frau, die mir gegenüber saß. Sie klagte sich selbst an und all die Freunde, die zur Abtreibung geraten hatten. »Es sei nicht schlimm, sagten sie mir. Und der Freund, von dem es stammt, hätte mich auch nicht geheiratet. Und wie sollte ich das Kind denn ernähren? ›Komm schon, es ist nur ein kleiner Eingriff, mach kein Drama daraus!‹ Sie haben mich alle angelogen! Es war mein Kind! Und es ist tot! Ich habe ihm das Leben genommen! Ich bin schuld, dass es nicht mehr lebt!«

Lange hörte ich ihrer Verzweiflung zu. Was hätte ich auch antworten können? Ich stieg mit ihr in dieses Tränental, wie es wohl auch damals die Freunde Hiobs taten, als sie sich zu ihm in die Asche setzten. Schließlich sagte ich vorsichtig und mitfühlend: »Sie wissen, dass auch ich Ihr Kind nicht lebendig machen kann. Aber wenn Sie wollen, können wir zu dem gehen, der Schuld vergeben kann. Wir können Ihr Kindlein in seine guten Hände legen. Haben Sie eine Idee, wie Sie es nennen würden?« Unter Tränen sagte sie: »Ich hätte es Anna genannt.«

»Herr Jesus«, betete ich, »hier ist eine Frau, der es von Herzen leid tut, dass sie ihr Kindlein abgetrieben hat. Bitte vergib ihr. Nimm du die kleine Anna an die Hand und sorge du jetzt bitte für sie. Und nimm auch die Mutter von Anna in deine Arme und tröste sie.«

Die Frau atmete tief auf. »Der Schmerz ist noch da. Aber ich habe Hoffnung. Mein Kleines ist jetzt aufgehoben bei Gott. Danke für Ihr Gebet, Frau Heil.«

Nicht gewollt und doch von Gott unendlich geliebt! In meiner Beratungsarbeit sagen mir Frauen von dem tiefen Schmerz, nicht gewollt gewesen zu sein. Sprüche wie: »Dich haben wir nicht gewollt, aber wir haben dich genommen«, sind nicht selten. Wie gut, dass ich weitersagen kann, dass es Gottes Absicht war, sie zu erschaffen, dass sie Gottes Bild in sich tragen, dass Gott sie von Anfang an geliebt und gewollt hat!

Besonders schwer trug eine Frau daran, ihr Leben anzunehmen. Sie berichtete, dass sie ihre eigene Abtreibung überlebt habe. Zufällig hatte sie das bei einem Gespräch mitgehört, das ihre Mutter mit einer Bekannten führte.

Dann begegnete mir eine Frau, die als fünftes Mädchen geboren worden war. Der Vater lehnte sie ab, weil er endlich auf den ersehnten Jungen gehofft hatte.

Missbrauch und Gewalt sind weitere Faktoren, die einen Menschen daran hindern, sich selbst anzunehmen und zu lieben – und andere echt lieben zu können.

Die tiefste Form des Selbsthasses erlebe ich bei Frauen, die abgetrieben haben.

Neben allen Therapieformen, die diese Themen erhellen und Hilfestellung zur Aufarbeitung geben, ist doch dieses die tröstlichste Wahrheit, die ich weitergeben kann: Jesus lebt und ist auch darum gestorben, dass er Schuld vergeben kann und will. Und dieser Jesus will uns den Wert, die Würde und die Liebe zurückgeben, die das Leben uns geraubt hat.

Bewahrungen
Wer Auto fährt, weiß um viele Bewahrungen! Wie oft haben wir gesagt: »Das ist gerade noch gut gegangen!« Wie oft waren Gottes Engel mit uns unterwegs in vielen gefahrvollen Momenten. Ich kann nur sagen: Danke, Herr Jesus, für deine guten Boten!

Alles in Ordnung! Fahren Sie ruhig weiter! Zehn Vorträge lagen hinter mir. Mit Elli zusammen hatte ich über 1000 km Fahrt hinter mir. Wir reisten durch das wunderschöne Österreich und staunten über Gottes Schöpfung: Die tief blau-grünen Seen, mit Puderzucker geschmückte Berge, grün leuchtende Berghänge. Und dazu waren wir liebenswürdigen Menschen begegnet. Voller Dankbarkeit hielten wir auf dem Heimweg Rückschau. Gott war mit uns. Wir hatten wieder hautnah erlebt, wie Menschen sich für Gott öffneten und wir mit ihnen beten durften.

Es war in der Nähe von Wien, als unser Auto eigenartig scheppernde, metallische Geräusche von sich gab. Wir begaben uns schnellstmöglich in eine Werkstatt. Aber man fand keine Ursache. So suchten wir den österreichischen ADAC auf. Nach anscheinend gründlicher Untersuchung beruhigte man uns: »Frauen hören Geräusche, die keine weitere Bedeutung haben. Ignorieren Sie es einfach. Möglicherweise ist es der Kat. Sollte es weiter Probleme geben, einfach stehen bleiben und den Motor ein wenig ruhen lassen.«

Einige hundert Kilometer weiter waren wir dann am Chiemsee. Das Fahrverhalten des Autos war verändert. Obwohl wir nicht über 120 km/h beschleunigten, zeigten sich Geräusche wie die eines fahrenden Zuges. Doch nach einem weiteren Check in einer weiteren Werkstatt wurde uns bescheinigt: »Alles in Ordnung. Fahren Sie ruhig weiter.«

Nun waren wir auf dem Heimweg Richtung Pfalz. Nach einem Fahrerwechsel bei Ulm bin ich am Steuer. Nach wenigen Kilometern auf der Autobahn entscheide ich: Ich werde nicht weiterfahren! Denn bei nur kleinen Überholmanövern mit wenig Geschwindigkeit schwankt das Auto wie ein Schiff. Wir rufen den ADAC an. Wir stehen schon eine Stunde auf dem Parkplatz. »Jetzt wären wir schon in der Nähe von Stuttgart«, meint meine Freundin. Endlich kommt der Einsatzwagen. Hatte sich das Warten gelohnt? Nach ein paar Metern langsamer Fahrt auf dem Parkplatz stößt der ADAC-Spezialist mit dem Fuß gegen das linke Hinterrad. Es lässt sich hin- und herbewegen, als wäre es nur lose festgeschraubt. »Sie haben einen Radlagerbruch«, stellt er fest. »Folgen davon hätten sein können, dass das Rad blockiert. Dann hätte sich das Auto im Kreis gedreht. Sie wären auf der Autobahn Karussell gefahren. Oder das Rad hätte sich gelöst … Lassen Sie das Auto jetzt genau hier stehen. Vielleicht gelingt es noch, dass der Abschleppdienst es hochziehen kann.«

600 km waren wir mit dem defekten Fahrzeug gefahren, 600 km mit Gottes Engel, der das Rad an der richtigen Stelle festgehalten hatte. Dank sei unserem großen Gott.

Auf dem Weg nach Hause saßen wir neben dem Fahrer des Abschleppwagens am Steuer. Ob er wollte oder nicht, er musste zuhören, wie ich ihm von unserem Vater im Himmel erzählte, der uns Jesus schenkte, um uns zu erretten. »Für Religion ist meine Frau zuständig«, meinte er. »Sie geht immer in die Kirche und erledigt diesen Teil unserer Ehe dann für mich mit.« Dass das nicht genügt, erfuhr er dann recht deutlich durch mich. Dass Jesus für ihn persönlich und seine Sünden gestorben ist, wusste er dann auch. Nun fehlte nur noch, dass er sich von dem guten Hirten auch retten ließ.

Ob Gott dies alles so gelenkt hatte, weil er gerade diesen Menschen mit seiner rettenden Botschaft erreichen wollte? Hatten wir diesen Unfall, weil bei diesem Mann zu Hause eine Frau war, die schon lange für ihn betete?

Im Himmel werde ich nachfragen. Aber dort werden wir keine Fragen mehr haben. Denn Jesus sagt den Jüngern bei seinen Abschiedsreden: »Dann werdet ihr mich nichts mehr fragen!« Wir werden im Nachhinein alle heutigen »Warum« verstehen und über Gottes Wege staunen.

Jesus hat keine Angst vor Ansteckung. Strahlend hielt ich unser süßes Mädchen im Arm. Es war eine Traumgeburt gewesen, obwohl das Baby in Steißlage geboren worden war.

Unsere meisten Kinder waren im Krankenhaus zur Welt gekommen, da es keine Hebamme in unserer Gegend gab. Bei einer der Geburten hatte ich den Arzt gefragt, ob er denn auch eine Hausgeburt begleiten würde. Nachdem er in den Ruhestand gegangen war, kam er meiner herzlichen Bitte nach. Wir versprachen, ihn auch rechtzeitig zu rufen, wenn die ersten Anzeichen zu spüren waren. So geschah es dann auch.

Der kleine Schatz kam bei uns zu Hause zur Welt. Die Hebamme, die dazukommen wollte, hatte kurz zuvor einen Arm gebrochen. So brachte mein Mann eine kleine Wanne mit Wasser, und ich saß auf der Bettkante und gab meinem Baby sein erstes Bad. Dann stürmten unsere anderen Kinder herein und staunten über das kleine Etwas.

Der Besucherstrom riss nicht ab, und ich begriff plötzlich, dass die Besuchszeiten im Krankenhaus doch auch Sinn hatten. Doch gleichzeitig war es wundervoll zu sehen, wie viele Menschen sich mitfreuten und dem Baby Geschenke brachten. Es war kurz vor Weihnachten, und ich konnte mir ein wenig vorstellen, wie Maria mit ihrem kleinen Jesusbaby zumute war.

Von dem Weihnachtslied »Ich steh an deiner Krippen hier« erklang immer wieder in meinem Herzen die zweite Strophe: »Ich sehe dich mit Freuden an und kann mich nicht satt sehen. Und weil ich nun nichts weiter kann, bleib ich anbetend stehen ...« Ja, so überströmend fühlte ich Gottes wundersame Gegenwart, weil ER mir in diesem Kind auf so ganz besondere Weise nahe kam.

Dann besuchte mich Jutta. Wir hatten uns einige Wochen nicht treffen können, weil jede von uns zu sehr beschäftigt war. Aber jetzt nach der Geburt wollte sie sich unbedingt die Zeit nehmen, mich und natürlich auch das Baby zu sehen. Wir umarmten uns, und sie setzte sich auf meine Bettkante. Voller Freude nahm sie das kleine Mädchen auf den Arm und wiegte es sacht hin und her, während wir uns unterhielten. »Du siehst aus, als würdest du gerade vom Urlaub auf Mallorca zurückkommen?«, scherzte ich. »Ja, ich weiß, das habe ich jetzt schon von einigen Bekannten gehört. Ich wundere mich selbst, wieso ich solch einen hellbraunen Teint habe.« – »Sieht gut an dir aus«, kommentierte ich. – »Weniger gut ist, dass ich mich überhaupt nicht fühle, als hätte ich Urlaub gehabt. Ich bin so schnell müde und richtig erschöpft. Dabei muss ich in meinem Beruf alle Tage das Beste geben. Du weißt ja, ich bin Krankenschwester.«

Schon kurze Zeit später war sie selbst Patient. Sie hatte zwei Typen von Hepatitis, B und C. Ihre Erkrankung war sehr heftig. Selbst die Ärzte wollten ihr Zimmer nicht mehr betreten. Nur Krankenschwestern kamen herein. Jeder hatte Angst vor Ansteckung. In ihrem Raum roch es wie nach roher Rinderleber. Menschlich gesehen gab es keinerlei Aussicht auf Heilung.

Da sie noch kurz vor dem Ausbruch der Krankheit bei uns gewesen war, gab sie uns Bescheid. Zu dieser Zeit war die Ansteckungsgefahr schon sehr hoch. Wir wussten also nicht, ob es das Baby oder mich »erwischt« hatte. Doch Gott hatte in seiner Liebe wohl einen »Desinfektionsengel« geschickt, der uns beide samt allen Familienmitgliedern bewahrte.

Jutta war inzwischen in eine Uniklinik verlegt worden. Niemand glaubte mehr an Heilung, sie selbst auch nicht. So lag sie über Wochen in elendem Zustand, isoliert in einem Einzelzimmer. Wegen der Gefahr der Infektion konnte sie keinen Besuch empfangen. Eigentlich war sie ein Todeskandidat, und das wusste sie auch.

Irgendwann konnte sie ein wenig telefonieren. Ich hörte ihre schwache Stimme am Telefon. Sinngemäß meinte sie: »Ich bin völlig allein gelassen in meinem Elend. Nur die nackte Wand starrt mich an. Ich fühle mich wie in einem dunklen Tal, das kein Ende hat. Niemand ist bei mir.«

Ich betete mit ihr und weinte am Telefon. »Aber Jesus ist bei dir. Er hat keine Angst vor Ansteckung. Ihm kann keiner die Tür zu dir verwehren!«

Und dann geschah das große Wunder: Gott schenkte Heilung. Wenn wir uns begegnen, muss ich immer an das Bibelwort denken: »Der Herr hat Großes an uns getan, des sind wir fröhlich« (Psalm 126,3).

Jutta sagte: »Welch ein Trost war mir damals dein Gebet. Und wie sehr halfen mir deine Worte:

›Jesus ist bei dir. Und niemand kann ihm verwehren, durch meine Tür zu kommen. Er hat keine Angst vor Ansteckung!‹«

Das Erdbeben. »Wir wollen heiraten«, hatte unsere Tochter uns glücklich verkündet. Sie hatte ihre Ausbildung beendet und offensichtlich den Mann für ihr Leben gefunden. Von Herzen freuten wir uns mit ihr. Das einzige, was mich als Mutter schmerzte, war, dass ihr Mann Amerikaner ist. Nein, ich habe absolut nichts gegen Amerikaner, aber tief drinnen wusste ich, dass mich irgendwann ein tiefer Ozean von meinem Kind trennen würde.

Doch alles schien vergessen, als mein erstes Enkelkind geboren wurde. Und danach kam noch ein zweites auf die Welt. Sie wohnten in einem Nachbarort. Oft durfte ich nicht nur auf dem Papier Oma sein, sondern hatte die beiden Kleinen auch täglich um mich, während die Eltern bei der Arbeit waren.

Doch unweigerlich kam der von mir gefürchtete Moment. Unser Schwiegersohn, der als GI bei der Armee war, wurde in die USA versetzt. Es zerriss mir fast das Herz, als wir uns am Flughafen zum letzten Mal umarmten.

Vom herrlichen Pfälzer Wald verpflanzt, lebten sie jetzt in der Wüste zwischen Fort Irwin und Barstow. Im Camp war kein Haus mehr frei gewesen, so musste ein Trailer angemietet werden. Viele Kilometer entfernt standen einige dieser Wohnwagen, an die ein Hausteil angebaut war, beisammen, im Nirgendwo zwischen Sand und ein paar Kakteen. Das Heimweh begann seine Spuren zu zeigen. Es war wirklich schwer. Doch nichts bewegte unsere Tochter so sehr wie eine geheime Angst, einmal ein Erdbeben zu erleben. Das brachte sie immer wieder im Gebet zu Gott.

Doch das Erbeben kam. Es war die schwere Erschütterung von Los Angeles, bei dem Häuser und Brücken einstürzten. Voller Entsetzen lasen und hörten wir hier in Deutschland in den Nachrichten, wie dieses Beben bis weit ins Land hinein schlimme Schäden hinterlassen hatte. Von unserer Tochter hatten wir bis dahin keine Infos gehört. Sofort versuchten wir, sie über Telefon zu erreichen. Aber viele Tage lang hatten wir keinen Empfang. Das ließ uns Schlimmes befürchten.

Wie kriecht in solchen Momenten die Angst in uns hoch! Ja, wir wollen Gott vertrauen, dass er es gut machen wird und er seine Hände über unserem Leben hält. Und trotzdem wissen wir, dass unser Leben nur ein Hauch ist, und wir in der Vergänglichkeit gefangen sind.

Endlich, endlich hatten wir Nachricht. Und das berichtete unsere Tochter:

»Als wir nach Kalifornien umzogen, war meine größte Befürchtung, dass genau das eintreten würde. Und nun war es geschehen. Am Tag nach dem schrecklichen Beben bin ich in unsere kleine Stadt gefahren, um einzukaufen. Manche Häuser sahen aus, als hätte ein Krieg stattgefunden. Häuser waren beschädigt und Glasfenster zu Bruch gegangen. Etwas irritiert fragte ich, was eigentlich los wäre. Da erst erfuhr ich von dem schrecklichen Unglück. Ich hatte buchstäblich nichts davon mitbekommen. Unsere beiden Hunde, die sonst auf jeden Laut und Ungewöhnlichkeit reagierten, hatten das Ganze auch verschlafen. Da konnte ich nichts anders tun, als Gott laut zu danken. Vielleicht hatte er während des Bebens einfach kurz unseren Trailer in die Höhe gehoben, bis es vorbei war? Das ist meine einzige Erklärung. ER hat mein Gebet erhört. Ich preise ihn von ganzem Herzen.« In dieses Dankgebet stimmten wir gerne ein.

In dieses Auto steige ich nicht ein. Eine Mutter hatte mehrere Kinder, auch unseren Jungen, mit dem Auto zum Schwimmbad gebracht. Ich bot mich an, sie wieder abzuholen. Kaum war ich auf dem Parkplatz angekommen, strömten sie schon fröhlich lärmend aus der Tür. Unser Junge sah mich gleich und brachte die anderen mit. Abschätzend schaute einer von ihnen auf unser altes Auto: »In den Karren steige ich nicht ein«, meinte er, »wir fahren BMW.« – »Okay«, meinte ich. »Der nächste Bus kommt in zwei Stunden. Du kannst gerne warten.« Schließlich bequemte er sich doch, Platz zu nehmen. Ich weiß nicht genau, ob er sich während der Fahrt klein machte, damit ihn niemand erblickte. Aber ich halte es für möglich.

Unser Auto war schon gewöhnungsbedürftig. Eine hintere Tür war ersetzt worden. Die Farbe war zum Rest des Autos nicht passend. Mich aber erinnerte gerade diese Tür an eine wunderbare Bewahrung. Eine ältere Tochter war mit unserem Auto unterwegs zum Einkauf gewesen. Auch unser Junge war dabei und saß auf dem Rücksitz. Sie hielt am Straßenrand an. Er wollte zur Straßenseite hin aussteigen, als ein anderes Auto vorbeifuhr und die schon geöffnete Tür mitriss. Hätte unser Junge seine Hand noch am Griff gehabt, wäre er mit der Tür auf die Straße hinausgeschleudert worden ... So war die »falsche Tür« immer eine Erinnerung an Gottes Bewahrung.

Aber Gott ist nicht nur ein Meister der Bewahrung, sondern auch der Überraschungen. Liebe Freunde kamen zu Besuch. Das ist immer ein Grund zur Freude! Dieses Mal hatten sie uns noch dazu ein besonderes Geschenk mitgebracht: »Es tut uns leid. Wir haben etwas für euch dabei, aber wir konnten es weder schön einpacken, noch können wir es euch hereinbringen. Ihr müsst schon mit uns nach draußen gehen!« Und was sahen unsere Augen? Einen wundervollen Mercedes. »Wir haben uns einen neuen gekauft«, erklärten sie. »Da dachten wir, wir könnten euch den alten schenken. Ruth ist so oft auf den Straßen unterwegs und könnte ein gutes Auto brauchen. Und wir hätten beim Verschenken gleichzeitig eine Freude!« Fragend schauten mein Mann und ich uns an: »Das ist ungeheuerlich! Wahnsinnig! Aber wir wissen nicht, ob wir solch ein Auto überhaupt finanzieren können«, stotterte ich. »Jetzt probiert ihr es einfach mal aus. Und dann können wir ja wieder miteinander reden.« So geschah es. Inzwischen hat der Mercedes wegen seines Alters schon Nachfolger gefunden. Er ist ein wirkliches Geschenk für die langen Autofahrten.

Und alles begann mit einem Unfall, einer Bewahrung und einer eingesetzten Autotür.

Gott ist einfach genial!

Gott liebt den Hund
mit den Flöhen!

Was ich in meinem Leben anders machen wollte ...

Anruf an meinem Geburtstag: »Gottes Segen für dich, liebe Ruth. Sag mir, was hast du in deinem vergangenen Lebensjahr dazugelernt?«

»Hmm.« Pause. »Bin immer noch sensibel, schaffe es immer noch nicht, die Ordnung zu halten, die ich mir vorstelle, sollte mehr reflektieren, bevor ich antworte, ...«

Meine Freundin begann laut zu lachen, so, wie es ihre Art war. Und nach Luft ringend rief sie durchs Telefon: »Aber Ruth, hast du es noch immer nicht begriffen? Gott liebt den Hund mit den Flöhen!«

Genau daran arbeite ich immer noch nach vielen Jahren – tief drinnen zu begreifen: Gott hat mich unendlich lieb, obwohl ich bin, wie ich bin, eben trotz meiner »Flöhe«!

Manches habe ich trotzdem im Lauf der Jahre gelernt, und das hätte ich damals schon wissen wollen:

- Die Hauptsache muss die Hauptsache bleiben: Ich bin für die Ewigkeit geschaffen. Alles andere ist vergänglich und zweitrangig!
- Mein Gewicht sollte ich mit dem Karat des Diamanten aufwiegen und nicht mit der Arzneimittelwaage des Apothekers.

- Unerfüllte Wünsche dürfen nicht Mittelpunkt meines Denkens sein, sondern Anlass zum Gebet des Vertrauens in Gott, dass ER gibt, was für mich wichtig ist.
- Krisen sind kein Anlass zum Weglaufen, sondern ein Trainingspunkt, mich neu in Gottes Arme zu werfen und Dinge neu zu ordnen.
- Der Schmerz um »schwierige Kinder« soll mir nicht mehr das Herz zerreißen. Der »verlorene Sohn« ist oft der, der uns später mit umso größerer Liebe sucht. An Kindern, die uns Nöte bereiten, lernen wir, wie das »Trotzdemlieben« geht.
- Ehe ist das große Geschenk Gottes. Je größer ich meinen Partner mache, umso mehr Schutz habe ich bei ihm. Ihn so zu formen, wie ich es mir vorstelle, bringt nur Frust auf beiden Seiten.
- Viel zu oft habe ich mich von Befürchtungen und Ängsten leiten lassen. Viel zu stark habe ich sie genährt und mich damit verrückt gemacht. Heute appelliere ich an meine Seele: »Don't feed your fears!« = Füttere nicht deine Befürchtungen! Viel lieber gebe ich ihr »Vertrauens-Futter« in unseren großen Gott.

Ich bin bewegt über die Geduld Gottes mit mir, die größer ist als meine eigene.
Welche Gnade: Gott liebt auch mich mit den Flöhen!

Weitere Bücher von Ruth Heil

5.122.314 | 978-3-8429-2314-0
160 Seiten | kartoniert | 12 x 19 cm
€ 10,95 / € (A) 11,30 / CHF 16,90

Ruth Heil hat schon als junges Mädchen die Sehnsucht im Herzen, für Gott in Kamerun zu wirken. Doch erst im Alter von 60 Jahren wird ihr der Weg dorthin geebnet. In ihrem neuen Buch lässt sie uns an den Erlebnissen und Erfahrungen teilhaben, die sie auf mittlerweile fünf Reisen in dieses faszinierende Land gesammelt hat.

5.122.637 | 978-3-8429-2637-0
112 Seiten | kartoniert | 11 x 18 cm
€ 6,95 / € (A) 7,20 / CHF 10,70

Was sagt die Bibel über Engel? Wem begegnen sie? Wie helfen sie? Eine Sammlung spannender und Mut machender Erlebnisse, die Ihnen die Augen öffnen kann, wo auch Sie schon die Hilfe der liebevollen Helfer Gottes erlebt haben.

5.123.567 | 978-3-8429-3567-9
48 Seiten | gebunden | 16 x 16,5 cm
€ 9,95 / € (A) 10,30 / CHF 15,30

Ruth Heil hat in diesem originellen Geschenkband gute Wünsche, kostbare Zusagen und liebevolle Anregungen anhand der einzelnen Buchstaben des Alphabets zusammengestellt. Ein besonderes Geschenk zum Geburtstag und ein wertvoller Begleiter darüber hinaus!